A cozinha brasileira sob a ótica do regionalismo

Luiz Felipe Tomazelli

A cozinha brasileira sob a ótica do regionalismo

Rua Clara Vendramin, 58 . Mossunguê . CEP 81200-170
Curitiba . PR . Brasil . Fone: (41) 2106-4170
www.intersaberes.com . editora@intersaberes.com

Conselho editorial
Dr. Alexandre Coutinho Pagliarini
Drª Elena Godoy
Dr. Neri dos Santos
Mª Maria Lúcia Prado Sabatella

Editora-chefe
Lindsay Azambuja

Gerente editorial
Ariadne Nunes Wenger

Assistente editorial
Daniela Viroli Pereira Pinto

Preparação de originais
Gilberto Girardello Filho

Edição de texto
Letra & Língua Ltda.
Monique Francis Fagundes Gonçalves

Capa
Ana Lucia R. Cintra (*design*)
Julia-Bogdanova, Romulo Gomes
Queiroz, WS-Studio/Shutterstock
(imagens)

Projeto Gráfico
Charles L. da Silva (*design*)
Iryn/Shutterstock (imagens)

Diagramação
Signus Design

***Designer* responsável**
Sílvio Gabriel Spannenberg

Iconografia
Regina Claudia Cruz Prestes
Sandra Lopis da Silveira

Dados Internacionais de Catalogação na Publicação (CIP)
(Câmara Brasileira do Livro, SP, Brasil)

Tomazelli, Luiz Felipe
    A cozinha brasileira sob a ótica do regionalismo / Luiz Felipe Tomazelli. -- Curitiba, PR : Curitiba, PR : InterSaberes, 2025.

   Bibliografia.
   ISBN 978-85-227-1616-6

   1. Culinária brasileira 2. Regionalismo I. Título.

24-230355 CDD-641.5981

Índices para catálogo sistemático:
1. Culinária brasileira : Economia doméstica
    1. Culinária brasileira : Economia doméstica   641.5981

Cibele Maria Dias – Bibliotecária – CRB-8/9427

1ª edição, 2025.
Foi feito o depósito legal.
Informamos que é de inteira responsabilidade do autor a emissão de conceitos.
Nenhuma parte desta publicação poderá ser reproduzida por qualquer meio ou forma sem a prévia autorização da Editora InterSaberes.
A violação dos direitos autorais é crime estabelecido na Lei n. 9.610/1998 e punido pelo art. 184 do Código Penal.

Sumário

Apresentação, 9
Como aproveitar ao máximo este livro, 11

Capítulo 1
Gastronomia regional brasileira, 15

1.1 Introdução, 17
1.2 Formação da identidade da cozinha brasileira, 18
1.3 Influências culturais da nossa gastronomia, 24
1.4 Produtos e ingredientes da cozinha brasileira, 27
1.5 Cozinhas regionais brasileiras e suas peculiaridades: biomas, 38

Capítulo 2
Culinária da Região Norte, 51

2.1 Aspectos econômicos, sociais e culturais da alimentação no Norte, 53
2.2 A cozinha amazonense, 55
2.3 A cozinha paraense, 56
2.4 A cozinha acreana, 57
2.5 A cozinha tocantinense, 58

Capítulo 3
Culinária da Região Nordeste, 61

3.1 Aspectos econômicos, sociais e culturais da alimentação no Nordeste, 63
3.2 A cozinha cearense, 65
3.3 A cozinha potiguar, 66
3.4 A cozinha baiana, 68
3.5 A cozinha pernambucana, 69

Capítulo 4
Culinária da Região Centro-Oeste, 75

4.1 Aspectos econômicos, sociais e culturais da alimentação no Centro-Oeste, **77**
4.2 Principais ingredientes e temperos regionais, **79**
4.3 A cozinha mato-grossense, **80**
4.4 A cozinha sul-mato-grossense, **81**
4.5 A cozinha goiana, **82**

Capítulo 5
Culinária da Região Sudeste, 87

5.1 Aspectos econômicos, sociais e culturais da alimentação no Sudeste, **89**
5.2 A cozinha paulistana, **91**
5.3 A cozinha carioca, **92**
5.4 A cozinha capixaba, **93**
5.5 A cozinha mineira, **94**

Capítulo 6
Culinária da Região Sul, 97

6.1 Aspectos econômicos, sociais e culturais da alimentação no Sul, **99**
6.2 Ingredientes típicos da região, **102**
6.3 A cozinha gaúcha, **108**
6.4 A cozinha catarinense, **109**
6.5 A cozinha paranaense, **110**

Capítulo 7
Receitas da cozinha regional brasileira, 117

7.1 Receitas da Região Norte, **119**
7.2 Receitas da Região Nordeste, **132**
7.3 Receitas da Região Centro-Oeste, **147**
7.4 Receitas da Região Sudeste, **160**
7.5 Receitas da Região Sul, **170**

Considerações finais, **183**
Referências, **185**
Respostas, **191**
Sobre o autor, **197**

Apresentação

Caro leitor, elaboramos esta obra com o objetivo de explorar a riqueza e a diversidade da cozinha brasileira, levando você a uma jornada gastronômica pelas cinco regiões do país. Cada capítulo oferece uma visão única das delícias culinárias e das influências culturais que moldaram nossa gastronomia.

No Capítulo 1, exploramos o contexto histórico da cozinha brasileira, contemplando desde suas raízes indígenas até a influência de diferentes culturas. Evidenciamos em que medida tais influências se entrelaçaram para criar a identidade única da culinária nacional.

No Capítulo 2, abordamos a culinária do Nordeste do Brasil. Apresentamos pratos e ingredientes típicos e traçamos um panorama cultural da região. Além disso, exploramos sabores únicos e técnicas culinárias que tornam a comida nordestina tão especial, potente e cheia de sabor.

Já no Capítulo 3, tratamos da cozinha praticada na Região Norte, conhecida por sua biodiversidade e por ingredientes exóticos. Destacamos preparações como o tacacá e o pato no tucupi, que trazem a essência da culinária nortista, a qual é pautada em valores caiçaras.

No Capítulo 4, revelamos a gastronomia da Região Centro-Oeste, que se destaca por ingredientes sazonais como o pequi. Aqui, esclarecemos como as influências indígena e pecuária moldaram essa culinária, considerando os hábitos de vida da população nativa.

No Capítulo 5, o ponto central é a cozinha da Região Sudeste, reconhecida por sua diversidade. Para tanto, analisamos aspectos culturais, sociais e econômicos da região.

No Capítulo 6, viajamos para o Sul do Brasil, com destaque para a culinária gaúcha e seus churrascos. Assim, abordamos os ingredientes emblemáticos da região e alguns aspectos da cultura local, observando como a gastronomia brasileira é diversificada.

Esperamos que este livro seja símbolo de muito conhecimento e dedicação para que você se inspire cada vez mais na arte da gastronomia regional brasileira, de modo a se sentir mais motivado a pesquisar informações e conhecimentos acerca do assunto. O objetivo deste material é, de fato, trazer a valorização para a cultura local, a disseminação de conhecimento e o resgate da identidade brasileira, motivando e influenciando a busca por saberes e sabores.

Como aproveitar ao máximo este livro

Empregamos nesta obra recursos que visam enriquecer seu aprendizado, facilitar a compreensão dos conteúdos e tornar a leitura mais dinâmica. Conheça a seguir cada uma dessas ferramentas e saiba como elas estão distribuídas no decorrer deste livro para bem aproveitá-las.

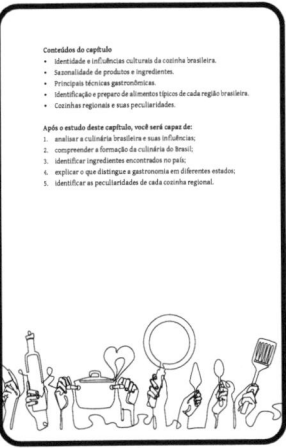

Conteúdos do capítulo

Logo na abertura do capítulo, relacionamos os conteúdos que nele serão abordados.

Após o estudo deste capítulo, você será capaz de:

Antes de iniciarmos nossa abordagem, listamos as habilidades trabalhadas no capítulo e os conhecimentos que você assimilará no decorrer do texto.

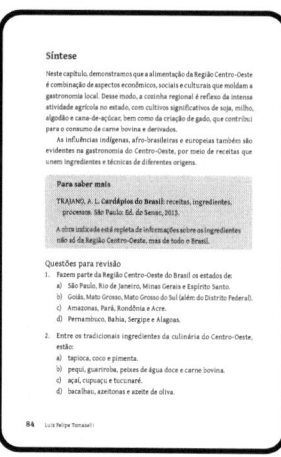

Síntese

Ao final de cada capítulo, relacionamos as principais informações nele abordadas a fim de que você avalie as conclusões a que chegou, confirmando-as ou redefinindo-as.

Para saber mais

Sugerimos a leitura de diferentes conteúdos digitais e impressos para que você aprofunde sua aprendizagem e siga buscando conhecimento.

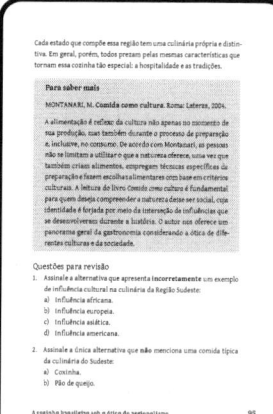

Questões para revisão

Ao realizar estas atividades, você poderá rever os principais conceitos analisados. Ao final do livro, disponibilizamos as respostas às questões para a verificação de sua aprendizagem.

Questões para reflexão

Ao propor estas questões, pretendemos estimular sua reflexão crítica sobre temas que ampliam a discussão dos conteúdos tratados no capítulo, contemplando ideias e experiências que podem ser compartilhadas com seus pares.

> **Capítulo 1**

Gastronomia regional brasileira

Conteúdos do capítulo
- Identidade e influências culturais da cozinha brasileira.
- Sazonalidade de produtos e ingredientes.
- Principais técnicas gastronômicas.
- Identificação e preparo de alimentos típicos de cada região brasileira.
- Cozinhas regionais e suas peculiaridades.

Após o estudo deste capítulo, você será capaz de:
1. analisar a culinária brasileira e suas influências;
2. compreender a formação da culinária do Brasil;
3. identificar ingredientes encontrados no país;
4. explicar o que distingue a gastronomia em diferentes estados;
5. identificar as peculiaridades de cada cozinha regional.

1.1 Introdução

A culinária é mais do que uma simples manifestação de sabores e aromas; é uma narrativa vívida da história, cultura e identidade de um povo. No vasto território brasileiro, essa narrativa se desenrola em influências, ingredientes e tradições que se entrelaçaram no decorrer de séculos de colonização, imigração e adaptação.

O ato de alimentar-se vai além das necessidades biológicas dos seres humanos. Na verdade, a alimentação é um ato de profundo significado político e uma janela para o autoconhecimento das culturas. Cada localidade tem seus métodos singulares de cultivar, colher, preparar e servir alimentos. A gastronomia, por sua vez, desdobra-se em diferentes formas como um repositório de saberes e práticas. Quando nos sentamos à mesa, somos envolvidos por uma experiência multissensorial que aguça e promove o exercício de todos os sentidos: visão, paladar, olfato e, até mesmo, audição de acordo com cada experiência gastronômica.

Cada povoado é um conjunto de tradições, crenças, experiências e heranças de colonizações que formaram a essência da gastronomia brasileira. Nesse vasto território, abençoado com terras férteis e uma diversidade climática singular, desdobram-se surpresas gastronômicas que cativam os paladares mais exigentes. A gastronomia brasileira é, sem dúvidas, a miscigenação de culturas e de valores que formam sua identidade.

Nesse contexto, é fundamental compreender a história da colonização e o descobrimento do Brasil, pois esses eventos lançaram as bases das influências centrais no processo alimentar e na construção da identidade nacional. Assim, antes de mergulharmos nas delícias regionais da nossa gastronomia, é muito importante explorarmos os momentos e os intercâmbios que forjaram os alicerces dessa rica herança culinária.

1.2 Formação da identidade da cozinha brasileira

A história brasileira começou a ser transformada em meados de 1500, época do "descobrimento" do Brasil, quando Pedro Álvares Cabral chegava em terras antes habitadas por indígenas, trazendo consigo influências portuguesas.

Posteriormente, junto aos negros escravizados, aportaram no país influências africanas, as quais formaram um tripé cultural entre indígenas, portugueses e africanos.

Figura 1.1 – Tripé cultural: base da gastronomia regional brasileira

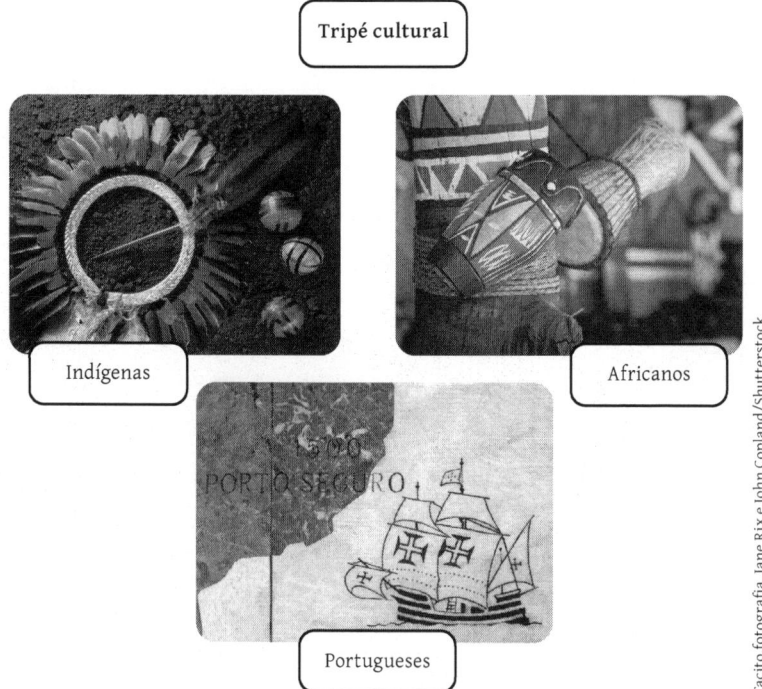

A gastronomia brasileira não se originou exclusivamente da miscigenação de culturas, mas também incorporou elementos que já existiam em nossas terras brasileiras, quando o território nacional era habitado por povos indígenas. Os ingredientes nativos e os métodos de preparo característicos desses povos caiçaras já constituíam uma rica tradição culinária local.

Pero Vaz de Caminha, em carta destinada ao rei de Portugal, descrevia que o primeiro contato com o povo local foi complicado para o entendimento de ambos:

> Eram pardos, todos nus, sem coisa alguma que lhes cobrisse suas vergonhas. [...] tomou dois daqueles homens da terra, mancebos e de bons corpos [...] A feição deles é serem pardos, maneira de avermelhados, de bons rostos e bons narizes, bem-feitos. Andam nus, sem nenhuma cobertura. Nem estimam de cobrir ou de mostrar suas vergonhas; e nisso têm tanta inocência como em mostrar o rosto. Ambos traziam os beiços de baixo furados e metidos neles seus ossos brancos e verdadeiros. Ali não pôde deles haver fala, nem entendimento de proveito, por o mar quebrar na costa. (Brasil, 2025)

Os povos indígenas tinham identidade cultural distinta, com um profundo sentimento de pertencimento ao Brasil e às suas culturas locais. Quando os portugueses chegaram, trouxeram consigo uma variedade de alimentos desconhecidos para os nativos. No entanto, os nativos, em maioria, recusaram esses novos alimentos e, até mesmo quando os provavam, logo os rejeitavam: "Deram-lhes ali para comer: pão e peixe cozido, confeitos, fartéis, mel e figos passados. Não quiseram comer quase nada daquilo; e, se alguma coisa provaram, logo a lançaram fora" (Brasil, 2015).

Isso nos leva a entender que um povo com origens culturais profundamente enraizadas pode enfrentar desafios ao receber produtos, costumes e modos de vida de matriz estrangeira. Esse comportamento, visto pelos europeus como "selvagem", refletia a recusa dos nativos em aceitar alimentos que não faziam parte de sua dieta tradicional, e o ato de devolver tais alimentos era sua única forma de expressar essa rejeição. Com relação à culinária, os indígenas já tinham desenvolvido uma identidade culinária bem definida antes da vinda dos colonizadores. Sua alimentação era baseada em alimentos como mandioca, palmito, milho, inhame e alguns tipos de peixes, além da caça. Tais povos também dominavam técnicas de cocção, desenvolvidas após a descoberta do fogo, como o uso do "moquém", era utilizado para cozinhar alimentos ou secá-los a fim de preservá-los por mais tempo. Esse rico patrimônio culinário indígena representa uma parte essencial da história e diversidade da gastronomia brasileira.

> A comida indígena era constituída de farinhas, assados, carne, frutas, palmito, mandioca, macaxeira, milho, algodão, batata. O cozimento dos alimentos era feito com fogo. Utilizavam-se pedras, em número de três, formando uma trempe, que significa colocar as pedras formando um triângulo, para servir de base: são as chamadas pedras-de-fogo. No interior dessa trempe eram colocados os gravetos e o fogo era aceso. Sobre a trempe eram colocados os espetos com alimentos, em um pau cravado ao pé do fogo. A trempe era utilizada também para suportar um objeto de barro com os alimentos dentro. (Paravati, 2018, p. 21)

A alimentação caiçara, baseada em tubérculos e peixes originários das águas brasileiras, fazia a integração com a cozinha de raiz indígena da época. Naquele período, os alimentos nativos utilizados eram farinhas, peixes assados, frutas, palmito, mandioca, algodão e batata. Posteriormente, a mão de obra doméstica, que era indígena, passou a ser substituída pelas cozinheiras escravas, que utilizavam ingredientes locais, além de outros insumos originados da África.

Em 22 de abril de 1500, Pedro Álvares Cabral e suas embarcações portuguesas aportaram nas terras brasileiras. No entanto, as raízes da influência portuguesa em nossa história, especialmente na gastronomia, antecederam esse marco histórico. Nesse período, Portugal, impulsionado pelo mercantilismo, empreendeu expedições em busca de territórios cada vez mais distantes. A Coroa portuguesa estava ávida por especiarias, sedas e produtos do Oriente, na intenção de enriquecer suas riquezas.

Já em 1488, as expedições estavam planejadas para explorar territórios até então desconhecidos, o que resultou em descobertas lucrativas, especialmente no comércio de especiarias das Índias até 1499. O cenário das novas explorações atingiu seu ápice quando D. Manuel I organizou uma expedição sob o comando de Pedro Álvares Cabral em 1500. As 13 embarcações capitaneadas pelo português seguiram em direção ao oeste da costa africana, o que, por fim, levou ao descobrimento do Brasil. Esse contexto histórico ressalta a importância da influência portuguesa no desenvolvimento da cultura culinária brasileira, trazendo consigo uma rica herança de sabores e técnicas que moldaram a identidade gastronômica do país.

Em 22 de abril de 1500, Pedro Álvares Cabral e suas embarcações portuguesas desembarcaram na Bahia, onde iniciaram uma expedição em busca de especiarias, sedas, porcelanas e outros bens de alto valor para a Coroa portuguesa. Iguarias como gengibre, noz-moscada, cravo e canela eram especialmente valorizadas naquela época. Tais explorações territoriais e o comércio de produtos valorizados desempenharam um papel fundamental no fortalecimento do império português.

Inicialmente, as terras brasileiras, então conhecidas como Ilha de Vera Cruz, não despertaram grande interesse por parte dos portugueses. O foco deles estava na extração do pau-brasil, madeira usada para produzir pigmentos de tingimento de tecidos. Para obtê-la, os portugueses buscaram se aproximar dos indígenas, estabelecendo trocas de serviços por quinquilharias que despertavam a curiosidade dos nativos, a exemplo de vasilhas, pentes e espelhos.

Entretanto, à medida que as explorações em busca de especiarias e outros artigos tornavam-se menos lucrativas, e com o interesse de outras nações europeias na expansão do território, surgiu a necessidade de colonizar efetivamente a terra. Em 1532, Portugal implementou o sistema das capitanias hereditárias, dividindo a América portuguesa em 15 faixas de terra, agora chamadas de Terra de Santa Cruz. Cada donatário português recebeu terras em troca da responsabilidade de produzir lucros e atrair colonos para a região, com poderes como a distribuição de pequenas parcelas de terra e a cobrança de impostos.

A colonização efetiva do Brasil começou com a fundação da Vila de São Vicente e a introdução dos engenhos de açúcar, operados por famílias portuguesas em busca de riqueza. Gradualmente, a região começou a ser povoada, marcando o início da colonização.

Após a instalação dos portugueses, Salvador se tornou a sede do Governo-Geral, responsável pela administração e aplicação das leis e ordens vindas de Portugal. No entanto, o sistema de capitanias hereditárias logo se mostrou ineficaz em razão da falta de experiência dos donatários e da ocorrência de conflitos, levando à sua rápida substituição.

A economia do Brasil passou por significativas transformações com a introdução de atividades lucrativas, como o cultivo e a extração da cana-de-açúcar, por meio de mão de obra escravizada. Essa mudança econômica aumentou o interesse pela colonização do território. Em 1808, com a chegada da família real portuguesa, o país absorveu uma independência, encerrando os laços políticos com a metrópole.

Os portugueses desempenharam um papel crucial na formação da culinária brasileira, pois suas embarcações trouxeram uma variedade de alimentos, técnicas de preparo e métodos de cultivo, além da introdução de certos animais.

Desse modo, a cultura alimentar do Brasil passou por profundas modificações em virtude da incorporação de hábitos e práticas até então desconhecidos pelos indígenas, como a utilização de sal, açúcar e especiarias trazidas do Oriente. Numerosos alimentos de origem europeia foram incorporados no país, incluindo frutas, vegetais, legumes, cereais, temperos e até mesmo o gado europeu, que não fazia parte da fauna local.

Os portugueses tentaram replicar a culinária europeia no Brasil em diversas ocasiões. Para alcançar esse objetivo, adaptaram as receitas, substituindo ingredientes europeus por produtos locais, a exemplo da troca da farinha de trigo pela farinha de mandioca. Além disso, as adaptações também envolveram métodos de preparo, mediante a incorporação de ingredientes nativos à cultura alimentar da época.

Por meio da fusão de técnicas de preparo e de ingredientes, muitos pratos de origem indígena foram aperfeiçoados. Isso resultou no surgimento de novas receitas, métodos de preparo inovadores e diferentes formas de cozimento, aproveitando a riqueza e o sabor dos ingredientes locais, ao mesmo tempo em que utilizavam elementos da cozinha europeia, enriquecendo, assim, a gastronomia brasileira (Dutra, 2005).

Como podemos perceber, a história da colonização do Brasil atravessou várias fases decisivas desde seu descobrimento. Isso inclui a exploração do território local, a chegada das grandes embarcações de navios negreiros, o papel significativo dos bandeirantes como impulsionadores do movimento de exploração, a expansão territorial e, até mesmo, a evolução dos processos de plantio, colheita e produção agrícola, que envolveram indígenas, africanos e portugueses durante um extenso período histórico, deixando marcas que perduram até os dias atuais.

Sob essa perspectiva, a nova culinária brasileira não se limita à comida, uma vez que abraça um universo que valoriza não apenas o alimento em si, mas também todo o processo que abrange desde o produtor até o cliente final. Assim, ela representa uma resposta e um agradecimento ao símbolo de identificação nacional, honrando a riqueza da diversidade cultural e gastronômica do país.

Nesse contexto, a cozinha nacional constituiu-se como ferramenta contemporânea fundamental para a construção de uma nova visão, que considera a preservação da identidade de um país histórico, repleto de riquezas, sabores e desafios, e que continua a evoluir como parte fundamental de nossa cultura.

1.3 Influências culturais da nossa gastronomia

Explorar a gastronomia brasileira é adentrar em um vasto universo de diversidade cultural, é desvendar uma rica tapeçaria de sabores, ingredientes, texturas e aromas que refletem as particularidades regionais e a autenticidade de cada recanto deste país de dimensões continentais.

A cozinha brasileira, uma das mais ricas e diversificadas do mundo, reflete as inúmeras influências culturais que moldaram o país no decorrer dos séculos. É uma culinária que se destaca não apenas pela variedade de ingredientes e sabores, mas também pela sua capacidade de contar a história de uma nação marcada pela diversidade étnica e cultural.

Diante do exposto, a seguir, apresentamos em detalhes as principais influências culturais que contribuíram para a formação da culinária brasileira, bem como sua evolução no transcurso do tempo.

- **Influência indígena:** os povos indígenas que habitavam o território brasileiro antes da chegada dos colonizadores desempenharam um papel fundamental na construção de nossa culinária. Deles vieram ingredientes nativos, como mandioca, milho e palmito, além de peixes de água doce e de uma variedade de frutas tropicais. Ainda, desenvolveram técnicas de cocção, como o "moquém", uma espécie de churrasqueira de terra, e a fermentação para produção de bebidas alcoólicas, como a caiçuma.
- **Influência europeia:** com a vinda dos portugueses em 1500, a cozinha brasileira passou a incorporar ingredientes e técnicas de preparo europeus. O trigo, a carne de gado, o porco e temperos como alho e cebola foram introduzidos. A cultura do açúcar se revelou de grande importância na economia e na culinária, dando origem a doces como a cocada e o quindim.
- **Influência africana:** o tráfico de escravos africanos constituiu uma profunda influência para a gastronomia do Brasil, por meio de ingredientes como dendê, azeite de dendê, quiabo e feijão preto. Ainda, técnicas de preparo como o uso do pilão e do tacho de barro

se tornaram comuns. Receitas como feijoada, acarajé e moqueca são bons exemplos da influência africana.

- **Influência asiática:** a imigração de japoneses, chineses e outros grupos asiáticos promoveu a incorporação de elementos da culinária oriental na gastronomia brasileira. Nesse sentido, o arroz e a soja, além de peixes e técnicas como o *yakisoba* e o tempurá se fundiram com os sabores locais e possibilitaram a criação de pratos únicos e deliciosos.
- **Influência regional:** a diversidade geográfica do Brasil resultou em uma culinária regionalmente distinta. A Região Nordeste, por exemplo, recebeu uma forte influência africana e indígena, com pratos como acarajé, vatapá e moqueca. Já o Sudeste tem uma culinária mais europeia, exemplificada em preparações como feijoada e tutu à mineira. Por sua vez, a Região Sul apresenta influências de imigrantes europeus, com destaque para o churrasco e o *pierogi*.
- **Influência amazônica:** a região amazônica contribui com uma variedade de ingredientes exóticos, como açaí, cupuaçu, tucupi e pirarucu, essenciais para a culinária local e que têm ganhado destaque nacional e internacional.
- **Influência sertaneja:** no interior do país, especialmente na região do Sertão, a culinária é marcada pela simplicidade e criatividade no aproveitamento de ingredientes. Preparações como carne de sol, baião de dois e queijo coalho são emblemáticos dessa localidade.

Essas influências culturais se entrelaçaram com o passar dos séculos e contribuíram para o surgimento de uma culinária única e diversificada, que varia de região para região. A cozinha brasileira é uma celebração da multiplicidade e da riqueza cultural do país, e sua evolução reflete as mudanças sociais, econômicas e históricas que perpassaram o Brasil.

Se compararmos a variedade cultural da cozinha brasileira com as tradições culinárias da Europa e do Oriente, perceberemos que, embora tenhamos apenas meio milênio de história gastronômica registrada, poucos países podem rivalizar com a profusão de riquezas naturais que o Brasil ostenta em suas terras.

Ao abordarmos a formação da identidade gastronômica no Brasil, entramos em um campo de estudo complexo e fascinante, permeado por intensas pesquisas e análises. A gastronomia é parte integral de uma cultura. Sendo assim, cada imigrante que aportou em nosso território trouxe consigo não apenas sonhos e aspirações, mas também sua língua, assim como trajes, crenças religiosas e, naturalmente, preferências culinárias, enriquecendo ainda mais o caldeirão de sabores que é a cozinha brasileira.

Ou seja, nossa gastronomia constitui um autêntico mosaico de culturas e se traduz em uma fartura de sabores, ingredientes, texturas, aromas e métodos de preparo. O Brasil, com sua vasta extensão territorial e seus diversos climas, oferece um amplo repertório de surpresas culinárias que desafiam qualquer tentativa de superação.

A formação da identidade culinária nacional, portanto, é fruto da contribuição de diversos grupos étnicos. Os indígenas foram responsáveis pelo cultivo de raízes, como já destacamos, bem como de frutas nativas. Os portugueses, por sua vez, introduziram uma ampla variedade de alimentos, técnicas de cultivo e tradições culinárias.

Já os africanos incorporaram influências culturais e conhecimentos culinários que enriqueceram ainda mais a diversidade de nossa cozinha. Além dos insumos já citados, ingredientes como a pimenta-da-costa, o inhame e algumas especiarias foram introduzidos em nosso repertório culinário.

Diversas outras culturas imigrantes deixaram suas marcas na rica tapeçaria gastronômica brasileira. Os italianos, por exemplo, trouxeram suas receitas de massas e a tradição do café; os alemães influenciaram a culinária do Sul do Brasil com pratos como o chucrute e salsichas; os árabes introduziram delícias como o quibe e a esfirra; os japoneses nos apresentaram ao *sushi* e ao tempurá; os espanhóis trouxeram a *paella*, e os chineses, o *yakisoba*. Além desses, poloneses, ucranianos e tantos outros grupos também influenciaram nossa gastronomia, enriquecendo ainda mais o contexto culinário brasileiro.

1.4 Produtos e ingredientes da cozinha brasileira

A culinária brasileira é um verdadeiro tesouro de sabores, ingredientes e tradições que refletem sua grande diversidade. Com uma riqueza natural incomparável e influências culturais de todo o mundo, a gastronomia do Brasil é uma verdadeira celebração de variedade e criatividade.

Uma das bases da nossa culinária é a mandioca, também conhecida como *aipim* ou *macaxeira*. De suas raízes, são feitos produtos essenciais, como a farinha de mandioca e a tapioca, que desempenham papéis fundamentais em pratos regionais de norte a sul.

Figura 1.2 – Mandioca

Luis Echeverri Urrea/Shutterstock

Bastante versátil, o feijão é um alimento básico da dieta brasileira. Do feijão preto ao feijão carioca, ele forma a base de pratos emblemáticos, como feijoada, tutu e acarajé. Na Figura 1.3, a seguir, apresentamos alguns tipos de feijões, como o feijão amendoim, o feijão verde, o feijão vermelho e o tradicional feijão preto. Algumas variedades são: carioca, branco, fradinho, rajado, cavalo-rosinha, jalo, bolinha ou manteiga, roxinho, carnaval, entre outros. Tais sementes diferenciadas atualmente correspondem a uma espécie de processo de resgate das tradições culinárias nacionais, valorizando, assim, a identidade brasileira.

Figura 1.3 – Variedades de feijão

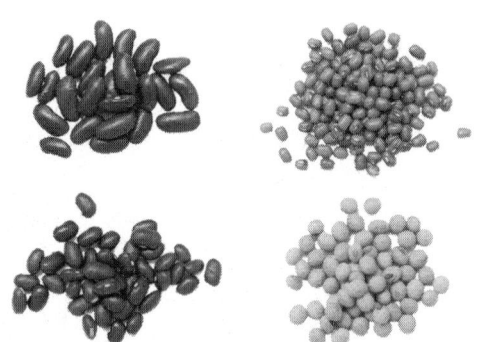

O arroz, frequentemente posto à mesa como acompanhamento, é outra pedra angular da culinária. Normalmente servido com feijão, também complementa carnes, frangos e peixes, fornecendo uma base neutra para diversas preparações. Na Figura 1.4, a seguir, apresentamos alguns exemplos, tais como arroz negro, arroz vermelho, arroz selvagem, arroz parboilizado e arroz crioulo.

Figura 1.4 – Variedades de arroz

A carne desempenha um papel de destaque na gastronomia brasileira, especialmente no famoso churrasco. Cortes de carne bovina, suína e de aves são preparados de diferentes maneiras, de grelhados suculentos a pratos cozidos lentamente, como a carne de sol.

Figura 1.5 – Carne de sol

As extensas costas do Brasil proporcionam uma grande variedade de peixes e frutos do mar frescos. Pratos como a moqueca, um cozido de peixe ou frutos do mar com leite de coco e dendê se destacam pela combinação de sabores únicos.

Figura 1.6 – A moqueca e sua potência no sabor

As frutas tropicais são uma atração à parte. Manga, maracujá, caju, açaí, abacaxi e muitas outras são consumidas frescas ou transformadas em sucos, sobremesas e saladas.

O dendê, óleo extraído de uma palmeira tropical, é um ingrediente importantíssimo na cozinha baiana, conferindo sabor e cor a receitas como a moqueca. Já a cachaça, uma aguardente feita de cana-de-açúcar, é a base da caipirinha, bebida refrescante e famosa no Brasil. A farinha de milho é usada em diversas preparações, desde o cuscuz até a farofa, que acompanha muitos pratos brasileiros. Por sua vez, os queijos regionais, como o minas e o coalho, adicionam sabor e textura nos pratos tradicionais, como o baião de dois ou a cartola.

1.4.1 Sazonalidade

A sazonalidade é fundamental na gastronomia regional brasileira, uma vez que molda o que é servido à mesa durante o ano. O Brasil é um país vasto, de geografia diversificada e que apresenta uma variedade de climas que contribuem para a presença de ingredientes sazonais exclusivos em todas as regiões. Essa característica enriquece a cozinha brasileira, tornando-a uma expressão autêntica da cultura local, pois a sazonalidade diz respeito ao período do ano em que determinado ingrediente está em seu auge, ou seja, em ótima qualidade, além de ser muito mais saboroso e comercializado por um preço acessível.

Figura 1.7 – A sazonalidade dita o cardápio

Look Studio/Shutterstock

No Norte do Brasil, a sazonalidade está vinculada à cheia e à seca dos rios da Amazônia. Durante as cheias, peixes de água doce, como o tambaqui e o pirarucu, tornam-se abundantes e são incorporados a pratos típicos, como o tucunaré assado e o pato no tucupi. Já nos períodos de seca, frutos como o açaí e a bacaba são colhidos e transformados em sucos e sorvetes apreciados por todo o país.

No Nordeste, o ciclo das chuvas influencia a disponibilidade de ingredientes. Durante a estação chuvosa, cactos como o mandacaru produzem frutos denominados *umbus*, os quais são utilizados na preparação de doces e geleias. No Sertão, pratos à base de carne de bode são comuns. Já na costa, frutos do mar frescos, como lagosta e caranguejo, são bastante apreciados.

Na Região Centro-Oeste, o Cerrado brasileiro oferece ingredientes sazonais como o pequi, uma fruta amarela de sabor marcante, e o araticum, uma espécie de fruta-do-conde. Tais ingredientes são incorporados em preparações locais, como o arroz com pequi.

No Sudeste, as estações do ano determinam a disponibilidade de frutas como a jabuticaba, usada na preparação de licores e geleias. Além disso, a produção de queijos artesanais, como o minas frescal e o queijo da Serra da Canastra, está vinculada às condições climáticas.

Por fim, na Região Sul, os impactos da sazonalidade também são sentidos na culinária. No inverno, em razão do clima mais frio, é comum o consumo de pratos como o barreado, no Paraná, e a feijoada, no Rio Grande do Sul. As uvas cultivadas na Serra Gaúcha são colhidas para a produção de vinhos.

A influência da sazonalidade na gastronomia regional brasileira demonstra a íntima conexão entre natureza e comida. Trata-se de uma verdadeira celebração da diversidade climática e geográfica do país, refletida nos pratos e ingredientes que enriquecem nossa cultura gastronômica.

1.4.2 Principais técnicas gastronômicas da cozinha brasileira

Nesta seção, abordaremos algumas técnicas culinárias utilizadas tanto na gastronomia brasileira quanto em outras culturas mundo afora.

- **Refogar**: o refogado é uma técnica fundamental na cozinha brasileira. Envolve o cozimento de ingredientes como cebola, alho, tomate e temperos em uma pequena quantidade de óleo ou gordura. É a base de muitas preparações, como feijão, arroz e molhos, além de ser essencial para a caramelização dos insumos na construção de sabor, camada por camada.

Figura 1.8 – Refogado: a construção do sabor

Proxima Studio/Shutterstock

- **Assar**: técnica amplamente utilizada para carnes, peixes e aves. As proteínas, quando submetidas ao calor seco, trazem uma tonalidade pronunciada ao prato depois de assado, podendo ser preparadas em fornos e em churrasqueiras. No primeiro caso, ilustrado na Figura 1.9, é possível incluir guarnições, como batatas com ervas frescas e alho, para a obtenção de um prato único.

Figura 1.9 – Assados: uma técnica prática

- **Cozinhar em panela de barro**: em várias regiões do Brasil, como o Nordeste, as panelas de barro são populares. Elas retêm calor de modo eficaz e são usadas para pratos tradicionais, como a moqueca, a feijoada e até mesmo o tradicional barreado.

Figura 1.10 – Cocção que retém calor: as panelas de barro

- **Cozinhar em banho-maria**: técnica comumente usada no preparo de sobremesas, como pudins e quindins. Os ingredientes são cozidos em um recipiente em cima de água fervente, cozinhando suave e uniformemente.

Figura 1.11 – Cozimento em banho-maria

- **Fritar:** técnica de imersão em óleo quente, empregada no preparo de petiscos populares, como coxinhas e acarajé. O óleo quente confere uma textura crocante e palatabilidade aos alimentos. Nessa técnica, além do exemplo da Figura 1.12, com o uso do azeite de dendê, é possível empregar outros tipos de óleos vegetais, os quais variam de acordo com seu ponto de fumaça, ou seja, a resistência do óleo.

Figura 1.12 – Técnica de fritura sob imersão: acarajé no azeite de dendê

- **Grelhar:** técnica que envolve cozinhar alimentos utilizando uma grade ou grelha, muitas vezes sobre fogo aberto ou carvão. É comum para espetinhos, bifes e frutos do mar.

Figura 1.13 – Espetinhos, um prato tradicional

- **Cozinhar a vapor:** por preservar os nutrientes dos alimentos, trata-se de uma técnica bastante saudável. O cozimento é feito com vapor de água, comumente por meio de um vaporizador.

Na Figura 1.14, os aspargos serão cozidos no vapor, técnica na qual a água em fervura, embaixo da tampa perfurada, dá origem ao vapor que entra em contato com o vegetal, realizando uma cocção que, se bem utilizada, preserva a cor, a textura e a qualidade nutricional.

Figura 1.14 – Técnica do vapor

- **Marinar:** usada para temperar e amaciar carnes, especialmente em churrascos. Os ingredientes são deixados de molho em uma mistura de líquidos e temperos antes de cozinhar.

Na Figura 1.15, as coxas de frango estão em uma marinada seca, pois não há uma pronunciada presença de líquidos. Além das marinadas secas, existem as úmidas, que podem servir tanto como agentes amaciantes em relação à textura quanto para auxiliar na transformação do sabor, de acordo com os ingredientes utilizados. Ademais, é possível empregar insumos que promovem a picância, a salga do preparo ou, até mesmo, o dulçor, a exemplo do melado e do mel, assim como de ingredientes que geram acidez, como vinagre ou limão.

Figura 1.15 – Marinada, um agente de transformação do alimento

Slatan/Shutterstock

1.4.3 Técnicas de identificação e preparo de alimentos típicos de cada região brasileira

O Brasil é um país vasto e diversificado, repleto de riquezas naturais e culturais que se revelam em sua culinária. Nesse sentido, cada região traz uma identidade gastronômica própria, com ingredientes e técnicas de preparo particulares.

A Região Norte é conhecida pela rica diversidade de frutas exóticas, peixes de água doce e influências indígenas. Preparações como o tucupi e o pupunha são muito apreciados. O tucupi é um caldo amarelo extraído da mandioca brava, usado para preparar o famoso pato no tucupi. A pupunha, por sua vez, é uma palmeira cujos frutos e palmitos são amplamente utilizados em pratos regionais.

Já o Nordeste é marcado por sua comida apimentada e pelo uso frequente de ingredientes como mandioca, milho e coco. A técnica de preparo mais icônica é a moqueca, na qual peixes, camarões ou outros frutos do mar são cozidos em um molho de dendê, leite de coco e especiarias. Outro prato famoso é o acarajé, que consiste em bolinhos de feijão fritos e recheados com vatapá e camarão.

A Região Centro-Oeste brasileira é a terra do Cerrado, onde a carne de boi é uma parte essencial da culinária. A técnica de preparo mais emblemática é o churrasco, em que a carne é grelhada em fogo aberto e temperada com sal grosso. Ainda, o arroz com pequi é um prato típico da região, feito com o fruto do pequi, que é cozido com arroz e temperos locais.

O Sudeste, especialmente São Paulo e Minas Gerais, destaca-se pelas influências italiana e portuguesa. A técnica de preparo do feijão tropeiro é típica de Minas Gerais e leva feijão, bacon, farinha de mandioca, ovos e temperos. Em São Paulo, o pastel é uma iguaria popular, com massa fina recheada com queijo, carne ou outros ingredientes.

A Região Sul do Brasil tem uma forte herança europeia, especialmente alemã e italiana. Uma técnica de preparo emblemática é o churrasco gaúcho, semelhante ao churrasco do Centro-Oeste, mas com temperos e cortes de carne específicos. Além disso, tradicional do Paraná, o barreado é uma carne cozida lentamente em panelas de barro.

Cada região brasileira oferece uma experiência culinária única, com técnicas de identificação e preparo de alimentos que refletem a história e os recursos naturais locais. Assim, explorar a diversidade gastronômica do Brasil é uma jornada fascinante que permite apreciar a riqueza cultural e culinária do país.

1.5 Cozinhas regionais brasileiras e suas peculiaridades: biomas

O estudo da gastronomia brasileira com base em biomas é uma excelente forma de conhecer todas as regiões do país. A ideia é entender a relação entre a culinária e o meio ambiente. Isso porque cada bioma brasileiro tem sua própria diversidade de ingredientes e pratos típicos, o que reflete as tradições e os costumes das comunidades locais.

Por exemplo, o bioma Amazônia apresenta uma variedade de frutas exóticas, peixes de água doce e outros ingredientes, como a farinha de mandioca e o tucupi, que são amplamente utilizados na culinária da região. Já o bioma Cerrado é conhecido pelo uso de frutas típicas, como o pequi e o baru, além de pratos como o arroz com pequi e a pamonha.

Com o estudo da gastronomia brasileira com base nos biomas, torna-se possível conhecer não apenas os ingredientes e pratos típicos de cada região, mas também a história e a cultura dos povos que habitam esses lugares. A culinária é um aspecto importante da identidade cultural de um povo; portanto, ao estudá-la, podemos compreender melhor suas tradições e seus costumes.

Ademais, essa abordagem de estudos contribui para a preservação do meio ambiente, já que, ao valorizar os ingredientes locais, *chefs* e cozinheiros podem ajudar a promover a sustentabilidade e a conservação dos biomas brasileiros.

Amazônia

O bioma amazônico é um dos maiores e mais biodiversos do mundo, com uma variedade impressionante de frutas, peixes, carnes, legumes e ervas, utilizados nas culinárias local e regional.

Algumas das principais características da cozinha amazônica incluem o uso de ingredientes nativos e sustentáveis, como açaí, tucumã, cupuaçu, castanha-do-pará e peixes de água doce, como o pirarucu e o tambaqui, entre outros.

Entre os pratos mais populares da região, estão: o tacacá, sopa feita com tucupi (caldo extraído da mandioca brava), jambu (uma erva que causa dormência na boca) e camarão seco; o pato no tucupi, que leva pato cozido em um molho de tucupi com jambu e outros temperos; e o pirarucu de casaca, um prato à base de arroz, pirarucu desfiado e banana-da-terra.

A respeito do tucupi, ele é feito "a partir do caldo da mandioca brava. Depois de tirar a goma que assenta no fundo do recipiente no qual o caldo é colocado, esse líquido é deixado a fermentar de um dia para outro. Depois é cozido com temperos como chicória, alho, alfavaca e pimenta-de-cheiro" (Brasil, 2019, p. 30).

A cozinha amazônica é conhecida por sua biodiversidade, que se estende também ao processo de construção gastronômica da região, por meio da utilização de ingredientes locais comuns ou, até mesmo, exóticos para outras partes do país.

Cerrado

A gastronomia do Cerrado brasileiro é marcada por uma variedade de ingredientes e sabores que refletem a riqueza da flora e da fauna da região. Composta por pratos típicos e insumos exóticos, a culinária desse bioma tem forte influência indígena e sertaneja e contribuiu significativamente para a formação da gastronomia regional do Brasil.

Entre os pratos típicos da região, destaca-se o arroz com pequi, feito com a polpa do fruto do pequi, que é cozido com arroz e diversos temperos; o empadão goiano, um tipo de empada recheada com frango, quiabo e pequi; e o doce de leite queimado, sobremesa feita com leite, açúcar e canela.

Além disso, a culinária do Cerrado também é conhecida por seus queijos, como o frescal, o curado e o de leite de cabra, e por seus frutos, como o baru, o jatobá e a mangaba, que são utilizados em diversas receitas.

A cozinha do Cerrado é diversificada e, em cada preparo, emprega muita criatividade: "Alimentos da região conquistam visibilidade no

Pintado com pamonha salgado e molho de pequi, no arroz com suã ao melado e castanha de baru e no bolinho cremoso de baru com calda de cagaita" (Trajano, 2013, p. 72).

A culinária do Cerrado influenciou outras regiões do Brasil, como o Sudeste e o Nordeste, por meio de pratos como o arroz com pequi e o empadão goiano, que se tornaram populares em todo o país. A gastronomia desse bioma brasileiro também está associada à preservação da cultura e dos recursos naturais. Muitos ingredientes utilizados na culinária do Cerrado são encontrados somente na região, e o consumo deles contribui para a manutenção da biodiversidade e das tradições culturais.

Segundo Trajano (2013), o Cerrado é um bioma extenso e que apresenta o Brasil com muita profundidade, dividindo características com os demais biomas, que, em conjunto, formam a preciosidade da gastronomia brasileira como um todo.

A cozinha mineira está muito presente no Cerrado, considerando a prática de bem servir e os tradicionais preparos brasileiros. A relação das pessoas com a cozinha do dia a dia está amplamente enraizada em todas as regiões, mas a culinária de Minas Gerais faz referência a esse bioma e carrega uma carga afetiva ímpar:

> A cozinha mineira cresceu, acima de tudo, baseada em uma cozinha de necessidade. Seus pratos e iguarias se baseiam em ingredientes simples e acessíveis: o porco, a galinha, o quiabo, a couve, o fubá. Em vez de empobrecer a culinária local, essa limitação serviu de inspiração para o mineiro. (Borges, 2017, p. 13)

A culinária mineira representou um verdadeiro incentivo ao crescimento da cozinha do Cerrado, que não parou de crescer e, além disso, não abandonou sua vertente, ou seja, tomou grande espaço na vida da população local, com seus cozidos prolongados, assados aromáticos e preparos que hoje são difundidos mundo afora.

A culinária do Cerrado traz consigo uma bagagem de aromas que aos poucos vai enriquecendo os preparos, como exposto por Borges

(2017, p. 14): "O uso dos temperos, aprendidos 'na marra', pela população local, enriqueceu os sabores. Um frango cozido não era mais qualquer frango cozido. Com toques locais, como o quiabo e a pimenta-de-cheiro, esse prato se transformou em um clássico local".

Embora, à primeira vista, muitas preparações pareçam triviais, elas apresentam inúmeros traços da gastronomia das regiões. No caso do Cerrado, são iguarias especiais que contam histórias de preservação da identidade local. Portanto, mais do que meras receitas, são verdadeiros patrimônios gastronômicos e culturais.

Pantanal

O bioma Pantanal é uma das regiões brasileiras mais ricas e diversas em termos de flora e fauna, e essa riqueza também se reflete em sua culinária. A região é habitada por populações tradicionais, como os indígenas e os ribeirinhos, sendo influenciada pelas tradições dos fazendeiros e dos imigrantes que chegaram ao local.

A culinária pantaneira é notória pelo uso de ingredientes típicos dos arredores, como peixes de água doce, carnes de animais silvestres, frutas regionais e mandioca. Entre os pratos mais conhecidos da região, destaca-se o arroz carreteiro pantaneiro, o frango caipira com pequi, o caldo de piranha, a linguiça de porco e o doce de leite com queijo.

Esse bioma ainda é marcado por outras manifestações culturais, como a música de raiz pantaneira, cujos principais instrumentos são a viola, a viola caipira e a sanfona. O artesanato é muito valorizado na região, especialmente as peças feitas com couro, palha e cerâmica.

Conforme Trajano (2013), o cardápio local é variado e contempla diversas carnes exóticas, como as de jacaré e de piranha. Em meio a essa diversidade, encontramos os seguintes preparos: caldinho de piranha, sopa paraguaia, costela de boi com quirela cremosa, molho de cachaça, lâminas de jacaré com maionese de pequi, crocante de mandioca e matrinxã na folha de bananeira com farofa de couve, vinagrete de gariroba e banana-da-terra.

Caatinga

A culinária da Caatinga é uma expressão única da cozinha brasileira. Composta por pratos ricos em sabores, cores e aromas, a gastronomia desse bioma é marcada pela utilização de ingredientes locais e por técnicas tradicionais de preparo.

Entre os pratos típicos da região, destacamos: a carne de sol, preparada com carne bovina seca ao sol e acompanhada por mandioca e feijão verde; o bode guisado, que consiste em um ensopado feito com carne de bode e diversos temperos; e a paçoca de carne seca, feita com carne seca, farinha de mandioca, cebola e alho. Ainda, a gastronomia da Caatinga também é conhecida por seus doces e suas sobremesas, como o doce de leite, a rapadura, o bolo de rolo e o pé-de-moleque.

É importante salientar que a culinária desse bioma é influenciada pelas tradições culturais da região, as quais incluem os povos indígenas, os quilombolas, os vaqueiros e os cangaceiros. Tais influências podem ser observadas nos ingredientes utilizados, nas técnicas de preparo e nas formas de consumo dos alimentos. Ademais, a gastronomia da Caatinga está associada à sobrevivência das populações locais em um ambiente árido e escasso em recursos. Por essa razão, muitas receitas típicas foram desenvolvidas com o objetivo de aproveitar ao máximo os recursos disponíveis e garantir a subsistência das comunidades.

O Nordeste tem um importante papel na culinária do bioma da Caatinga, classificado como gastronomia pautada em ingredientes sertanejos e de sobrevivência, o que lhe permitiu prosperar em tempos difíceis. Na atualidade, a diversidade de sabores é atingida com o uso de poucos recursos, mas muito bem empregados no preparo das receitas locais.

Em tempos antigos, nessas terras, as famílias precisavam poupar água em tempos de escassez, por exemplo. Em virtude do clima seco, a região apresenta grandes períodos de estiagem e falta de água durante boa parte do ano. Isso explica a necessidade de métodos de cocção favoráveis ao dia a dia.

Desse modo, embora de modo inconsciente, os moradores locais desenvolveram a prática de cozimentos lentos, prolongados e com panelas tampadas, nas quais o vapor de água era mantido por mais tempo. Assim, além da economia, a cocção promovia maior maciez ao preparo, bem como concentração de sabores apurados – o que, de fato, encontramos nas receitas tradicionais da região (Borges, 2017).

Sertão

A cozinha do Sertão foi inicialmente marcada por muitas dificuldades. No entanto, com o decorrer do tempo e o conhecimento de novas técnicas, passou a ganhar notoriedade, o que culminou no surgimento de uma culinária requintada.

A falta de condições climáticas favoráveis para a criação de animais fez com que o povo nordestino desenvolvesse outras formas de dar sabor ao que tinham. Assim, criativamente, passaram a empregar temperos e ervas, a exemplo do cominho, da pimenta, do coentro e da cebolinha. Nas palavras de Borges (2017, p. 14): "O 'fazer render' talvez seja uma das maiores filosofias da cozinha sertaneja. Desse imperativo culinário, nasceram pratos com sabor e sustância, como o famoso reboco paraibano, à base de arroz – muito cozido, quase papa e galinha inteira. Um prato barato, fácil e muito saboroso".

A tradição da culinária do Sertão vem sendo resgatada graças a pesquisadores que buscam registrar a forma da gastronomia local, bem como suas transformações no decorrer da história. Trata-se de um processo de valorização cultural que ocorre mediante o resgate de crenças, costumes e receitas, tendo o objetivo de preservar e dar continuidade ao processo evolutivo cultural do país.

Mata Atlântica

A culinária do bioma Mata Atlântica é uma das mais ricas e diversificadas do Brasil, contando com uma ampla gama de ingredientes e pratos típicos que simbolizam sua biodiversidade, muito por conta da influência de diversas culturas, como a portuguesa, a africana e a indígena.

Sob essa perspectiva, podemos entender como os ingredientes e pratos típicos da região estão relacionados à cultura e às tradições e de que modo foram influenciados pelas diversas correntes migratórias e culturais que passaram pelo bioma.

Entre os insumos mais encontrados na culinária da Mata Atlântica, destacam-se as frutas tropicais, como abacaxi, maracujá, caju e manga, assim como peixes, frutos do mar, carnes e vegetais frescos e sazonais. Além disso, a região é famosa por seus doces e suas sobremesas, produzidos com frutas, leite e açúcar, a exemplo da goiabada, da cocada e do quindim.

Das receitas mais difundidas por todo o território do bioma, citamos: a moqueca capixaba, um ensopado de peixe com temperos e óleo de dendê; a feijoada à moda carioca, preparada com feijão preto, carnes e temperos; e o arroz de polvo, que leva temperos variados. A região também se destaca por seus queijos artesanais, como o queijo da canastra, em Minas Gerais, e o queijo serrano, no Rio Grande do Sul.

Pampa

O bioma Pampa, também conhecido como Campos Sulinos, é uma região que abrange porções dos estados do Rio Grande do Sul, Santa Catarina e Paraná, além de partes do Uruguai e da Argentina. A culinária local é marcada por características que indicam a influência das tradições de imigrantes europeus, indígenas e gaúchos, além da riqueza própria dos ingredientes regionais.

Um dos pratos mais populares da culinária do Pampa é o churrasco, que consiste em assar carne na brasa em um espeto. Ademais, a região também é conhecida pelo arroz carreteiro, prato feito com arroz, carne de charque e temperos variados. Outras receitas típicas incluem a feijoada campeira, que leva feijão branco, carnes e legumes, e a linguiça de porco caseira, preparada com temperos frescos e defumada em lenha de árvores nativas. A culinária do Pampa também é famosa por seus doces, como o sagu de vinho, sobremesa feita com sagu (uma espécie de tapioca) e vinho tinto, e o doce de leite, um doce cremoso feito com leite e açúcar.

As heranças e tradições gaúchas imperam no cenário da culinária Pampa. Com o sabor dos imigrantes, a cozinha local apresenta uma grande variedade de influências concentradas em uma extensão territorial relativamente pequena, razão pela qual essa parte do Brasil apresenta características gastronômicas fortemente desenvolvidas e difundidas, tanto interna quanto externamente, realidade que influenciou outras regiões do entorno.

Por fim, esse bioma traz características provenientes de outras localidades, e cada vez mais traços de outros povos são agregados, de acordo com a troca de informações, sabores e saberes.

Entre as principais influências gastronômicas do bioma Pampa, destacamos os seguintes pratos (Figuras 1.16, 1.17, 1.18 e 1.19):

Figura 1.16 – Frutos do mar açorianos

vsl/Shutterstock

Figura 1.17 – Conservas alemãs

Antonina Vlasova/Shutterstock

Figura 1.18 – Vinhos de mesa italianos

Figura 1.19 – A tradição do churrasco é partilhada com argentinos e uruguaios

Segundo Borges (2017), as influências incorporadas em cada bioma tornam suas culturas gastronômicas verdadeiros patrimônios de identidade regional.

Síntese

Neste capítulo, evidenciamos que a culinária brasileira é uma manifestação cultural que reflete a diversidade do país em toda a sua história. Com influências indígenas, europeias, africanas e asiáticas, nossa cozinha se destaca pela riqueza de sabores, ingredientes e técnicas de preparo. Mandioca, feijão, arroz, carnes, peixes e frutos do mar, frutas tropicais, dendê, cachaça, farinha de milho e queijos regionais são alguns dos principais produtos e insumos que compõem nossa culinária.

Também salientamos que a sazonalidade desempenha um papel importante na gastronomia do Brasil, influenciando a disponibilidade de ingredientes em diferentes regiões no decorrer do ano. A diversidade climática do país contribui para que determinados insumos possam ser aproveitados em épocas exclusivas, tais como o açaí, na região amazônica, o umbu, no Nordeste, o pequi no Centro-Oeste, e a jabuticaba no Sudeste.

Compreendemos, ainda, que a culinária brasileira representa uma verdadeira celebração da cultura e da natureza do país, simbolizando uma íntima conexão entre a comida e o ambiente em que é preparada. A incorporação de traços culturais e a variedade de insumos sazonais fazem nossa gastronomia ser única e deliciosa, conquistando paladares em todo o mundo.

Estudar a culinária brasileira com base nos vários biomas presentes em nosso território representa uma maneira fascinante de explorar a relação entre a comida e o ambiente natural do país.

Para saber mais

TRAJANO, A. J. **Brasil a gosto**. São Paulo: Melhoramentos, 2008.

Esta obra mergulha profundamente nas raízes da culinária regional brasileira, proporcionando uma jornada cativante pelas cinco regiões do Brasil. *Chef* renomada e pesquisadora gastronômica, Ana Luiza Trajano apresenta receitas e explora a história, as influências culturais e as tradições culinárias únicas de cada parte do país. Com riqueza de detalhes, o livro revela os sabores autênticos da comida nacional, desde os pratos nordestinos cheios de temperos até os sabores intensos da Amazônia e o churrasco do sul do país. Trata-se de uma leitura envolvente que permite aos leitores apreciarem a riqueza da gastronomia brasileira e entenderem como ela está profundamente enraizada na cultura e na história do Brasil.

Questões para revisão

1. Qual é o prato típico da Região Norte que utiliza o tucupi como ingrediente principal?
   a) Moqueca.
   b) Pato no tucupi.
   c) Feijoada.
   d) Arroz com pequi.

2. Qual é o bioma brasileiro conhecido pelo uso de ingredientes como o pequi e o baru?
   a) Amazônia.
   b) Cerrado.
   c) Mata Atlântica.
   d) Caatinga.

3. A culinária do bioma Pampa, na Região Sul do Brasil, é fortemente influenciada por quais tradições culturais?
   a) Indígenas.
   b) Africanas.
   c) Gaúchas e de imigrantes europeus.
   d) Asiáticas.

4. Explique como a culinária de cada região brasileira está relacionada aos biomas e recursos naturais locais. Dê exemplos específicos.

5. Além de proporcionar experiências gastronômicas únicas, como o estudo da culinária brasileira com base nos biomas pode contribuir para a preservação do meio ambiente e das tradições culturais locais?

Questões para reflexão:
1. O que pode ser feito para promover uma maior conscientização sobre a importância de preservar os biomas brasileiros por meio da culinária regional e do uso sustentável de ingredientes locais?
2. De que maneira as influências culturais e históricas moldaram a culinária regional brasileira em diferentes biomas? Como isso se reflete nas identidades culinárias locais?
3. Andrea é uma jovem *chef* de cozinha que recentemente decidiu abrir um restaurante em uma pequena cidade no Sul do Brasil. Apaixonada pela culinária regional brasileira, ela deseja celebrar os sabores autênticos da região em seu cardápio. A *chef* tem o desafio de criar um menu que destaque pratos tradicionais da culinária sulista, mas que também ofereça opções criativas e contemporâneas para atrair um público diversificado, pois, embora precise manter a tradicionalidade, Andrea preza pela inovação em seus preparos. Considerando o exposto, como ela poderia planejar o cardápio do novo restaurante? Quais são as suas sugestões para que a inauguração do novo empreendimento seja um sucesso?

Capítulo 2
Culinária da Região Norte

Conteúdos do capítulo

- Aspectos econômicos, sociais e culturais da alimentação no Norte do Brasil.
- Cozinhas do Amazonas, do Pará, do Acre e do Tocantins.

Após o estudo deste capítulo, você será capaz de:
1. diferenciar as técnicas e os alimentos utilizados em preparações regionais típicas do Norte;
2. compreender a culinária local e as influências recebidas;
3. identificar os ingredientes típicos e os pratos tradicionais regionais;
4. desenvolver as diversas técnicas de preparo da culinária regional;
5. explicar o cenário gastronômico local.

2.1 Aspectos econômicos, sociais e culturais da alimentação no Norte

A Região Norte, com suas terras amazônicas, tem uma cultura popular instaurada nos recursos provenientes da maior área verde mundo, a Floresta Amazônica, um local rico e repleto de sabores únicos que faz parte dos biomas da gastronomia como símbolo nacional. A região é composta pelos estados do Amazonas, do Pará, do Acre, de Roraima, de Rondônia, do Amapá e de Tocantins, divididos em uma imensa extensão territorial de biodiversidade singular:

> A riqueza natural da Amazônia, na porção brasileira, abrange aproximadamente 5 milhões de km², sendo 23 mil km compostos por rios navegáveis que formam verdadeiras "estradas fluviais", principal meio de transporte da região. O Rio Amazonas, o maior do planeta em vasão de água, está entre eles. (Chaves; Freixa, 2007, p. 17)

A culinária do Norte é marcada pela forte influência caiçara, com seus pratos que levam peixes da região, assim como suas frutas provenientes do solo amazônico e que fazem jus ao sabor potente da cozinha nortista.

De sabores distintos, os ingredientes utilizados no Norte são extremamente versáteis, começando pela mandioca (e seus subprodutos). Um dos alimentos de maior valor cultural da região, trata-se do principal insumo de muitos preparos, a partir do qual são fabricados outros ingredientes, como polvilho, farinhas e tucupi, frequentemente empregados na cozinha local.

Nas palavras de Chaves e Freixa (2007, p. 21): "Da mandioca não se desperdiça nada, nem mesmo a folha. Há dois tipos de raiz, a brava e a mansa. A mandioca amarga é chamada de *brava*, pois, tendo uma substância venenosa, o ácido cianídrico, ela precisa passar por vários processos antes de ser consumida". Depois de separar a goma do líquido da mandioca, este é cozido por horas e horas, até que o ácido cianídrico seja eliminado. O subproduto pronto pode ser usado em diversos preparos, conferindo-lhes um sabor ácido característico, além de funcionar como agente conservante.

Já o tucupi é muito usado em diferentes preparos, como o tacacá e o pato no tucupi. Outros subprodutos também são obtidos da mandioca, com seus usos específicos: a goma é espessante e auxilia na consistência e no brilho de molhos; as farinhas são extraídas das mais variadas formas, passando por processos de fermentação em água ou, até mesmo, sendo somente raladas.

Para dar ainda mais sabor aos pratos do Norte, existem outros ingredientes muito característicos, como as folhas da mandioca (para o preparo da maniçoba), o jambu, a chicória, o urucum, entre outros. A multiplicidade de peixes também é fator de destaque nessa gastronomia, pois contempla diversas espécies saborosas e empregadas em uma infinidade de preparações. Exemplos são pirarucu, tucunaré, filhote, dourado, pescada-amarela e tambaqui.

A grande variedade de frutas é sinônimo de atração, principalmente na região amazônica, entre as quais destacamos o açaí, a banana-pacova, o cupuaçu, o bacuri, a castanha-do-pará, o murici, a mangaba, a taperebá, o tucumã, o baribá, o camapu, o cupuaí, entre outras.

O jambu também tem grande presença na culinária amazônica. Conhecido como agrião-do-pará, suas folhas e flores são comestíveis e conferem uma leve sensação de dormência na boca, razão pela qual o insumo é utilizado na fabricação de licores, além dos preparos tradicionais.

As manifestações folclóricas são marcantes no Norte. Os ritmos alegres e as danças tradicionais fortalecem o cenário cultural com uma musicalidade contagiante, e a gastronomia acompanha tais confraternizações e eventos religiosos, como o Dia do Círio de Nazaré, comemorado em outubro, no qual são servidos pratos como o pato no tucupi e a maniçoba. Nesse mesmo evento, as ruas são tomadas por vendedores ambulantes comercializando açaí e tacacá, alimentos energéticos para os fiéis que estão na caminhada da romaria.

Obviamente, porém, "o Norte não é só religioso. Sua musicalidade contagia. E o carimbó, ritmo nativo, derivou da dança dos tupinambás. Dizem que, com a chegada dos africanos, a dança ganhou um tom mais vigoroso" (Chaves; Freixa, 2007, p. 23). Esse excerto nos mostra a influência da miscigenação cultural na região, como é o caso do estalar de dedos e do bater de palmas nas danças e apresentações, hábitos trazidos pelos portugueses. Além disso, alguns exemplos de festivais de manifestações culturais que compõem o repertório cultural nortista são o Festival Folclórico de Parintins, a Festa de Guaraná e a Festa do Sairé.

2.2 A cozinha amazonense

Um dos estados mais vastos e diversificados do Brasil, o Amazonas apresenta uma culinária rica e ampla, profundamente enraizada nas tradições indígenas, ribeirinhas e caboclas, as quais mostram a abundância da Floresta Amazônica e dos rios por ela passam.

Os rios e igarapés da Amazônia são fontes de vida e sustento para as comunidades locais. Os peixes, como tambaqui, tucunaré, pirarucu e jaraqui, formam a base da alimentação na região e são preparados de várias maneiras diferentes: assados na brasa, cozidos em moquecas com leite de coco, ou simplesmente fritos e acompanhados de farinha d'água.

Além dos peixes, os frutos da floresta desempenham um papel fundamental na culinária amazônica. Frutas exóticas, como açaí, cupuaçu, bacaba, pupunha e camu-camu, são transformadas em sucos, sorvetes, geleias e pratos doces e salgados. O tucumã, por exemplo, é utilizado para fazer o já citado tacacá, sopa quente de origem indígena comumente servida com camarão seco e goma de tapioca.

Já a mandioca, uma das plantas mais importantes da região, é usada para fazer a farinha de mandioca, um dos pilares da culinária amazônica.

A farinha pode ser empregada de diversas formas: como acompanhamento de peixes, carnes e aves, ou como ingrediente principal em pratos tradicionais, a exemplo da maniçoba, uma espécie de feijoada feita com folhas de mandioca fermentada e carnes defumadas.

A influência indígena se evidencia em muitos aspectos da culinária amazônica. Pratos como o *patarashca*, em que o peixe é assado com temperos dentro de folhas de bananeira, são uma reminiscência das técnicas ancestrais dos povos nativos da Amazônia.

Por sua vez, a comida cabocla, que representa a fusão das culturas indígenas e dos colonizadores, é uma parte intrínseca da gastronomia local. Receitas como o arroz com pirarucu ou o arroz de tambaqui são exemplos dessa amálgama de sabores e tradições.

A diversidade de ingredientes naturais da Amazônia é um símbolo para os amantes da culinária. Isso porque, além dos peixes e frutos da floresta, a região ainda fornece iguarias únicas, como a carne de jacaré, o tacacá, o pato no tucupi e o jambu, erva que provoca uma sensação de dormência na língua, sendo ingrediente essencial do pato no tucupi.

A culinária do Amazonas é um banquete de cultura e tradição, um reflexo da riqueza da Floresta Amazônica e da diversidade das comunidades que a habitam.

2.3 A cozinha paraense

O Pará abriga uma das culinárias mais fartas e diversas do país, simbolizando a exuberância da Floresta Amazônica e a influência cultural das diversas etnias indígenas, ribeirinhas, africanas e europeias que habitam a região.

Os rios e igarapés que cortam a Amazônia são fontes de muitos ingredientes da cozinha do Pará. Peixes como tambaqui, pirarucu, tucunaré e jaraqui compõem a base da alimentação e podem ser preparados de diversas maneiras, tanto grelhados quanto em pratos complexos, como a caldeirada. O tucunaré, por exemplo, é cozido em moquecas com leite de coco e acompanhado de arroz, criando um sabor único e marcante.

Além dos peixes, os frutos encontrados na floresta também são fundamentais na culinária paraense. Açaí, cupuaçu, camu-camu e bacaba são transformados em sucos, geleias, sorvetes e pratos doces e salgados, acrescentando um toque de exotismo à gastronomia local.

Um dos principais insumos da gastronomia local, a mandioca é empregada para fazer a farinha de mandioca, utilizada de diferentes formas no preparo de receitas típicas, como o pato no tucupi.

A influência indígena é claramente visível na culinária paraense, especialmente em pratos como o manicuera (peixe assado com temperos envolto em folhas de bananeira) e no uso de ingredientes locais, como o jambu. A contribuição afro-brasileira é evidente em pratos como o vatapá, uma pasta de pão de forma com camarões, leite de coco e azeite de dendê, que tem raízes africanas.

A culinária paraense ainda é conhecida por pratos incomuns, como o já mencionado tacacá, representando um verdadeiro desafio para os sentidos, graças aos sabores contrastantes e às texturas únicas.

A gastronomia do Pará simboliza a união de tradição e modernidade, e o estado conta com *chefs* inovadores que reinterpretam pratos tradicionais por meio de técnicas contemporâneas, contribuindo para criar uma cena culinária emocionante e diversificada, capaz de atrair amantes da comida de todo o Brasil e do mundo.

2.4 A cozinha acreana

O Acre é um estado com uma culinária única e saborosa e que, assim como as anteriores, reflete a riqueza da Floresta Amazônica e a diversidade cultural da região. Com influências indígenas, ribeirinhas e nordestinas, a gastronomia acreana oferece uma grande festa de sabores autênticos.

Os rios que cortam o Acre são fontes abundantes de peixes de água doce, de papel central na culinária local. Peixes como tambaqui, pirarucu, jaraqui e pacu são preparados de maneiras diferentes, podendo ser simplesmente grelhados ou compor preparações desafiadoras, como o tacacá. A mandioca também está presente na cozinha desse estado e envolve os mesmos usos aludidos anteriormente.

Na culinária acreana, a influência indígena se revela em receitas que fazem uso de ingredientes locais, como açaí, cupuaçu e castanha. Também a cozinha nordestina se faz notar na culinária do Acre, mediante preparações como o vatapá e o baião de dois.

Frutas como o açaí e o cupuaçu são empregadas na fabricação de sorvetes, sucos e sobremesas, e outros insumos da floresta, como as castanhas, são aproveitados para criar pratos e doces deliciosos.

2.5 A cozinha tocantinense

O Tocantins, um dos estados mais jovens do Brasil, é uma região repleta de belezas naturais, e sua culinária representa a diversidade de sua população e seu vasto território. Com influências indígenas, ribeirinhas e nordestinas, a gastronomia tocantinense proporciona uma grande variedade de pratos autênticos.

O estado é rico em rios e lagos, o que torna os peixes de água doce insumos fundamentais de sua culinária. Peixes como tambaqui, pirarucu, tucunaré e pintado são amplamente consumidos e preparados de diversas maneiras. Uma das receitas mais populares é a do peixe na telha, em que o animal é grelhado e servido em uma telha, muitas vezes acompanhado de arroz, pirão e legumes.

A influência indígena também se evidencia na culinária local, especialmente no uso de ingredientes como mandioca, milho e frutas regionais. O arroz de capim dourado, por exemplo, é um prato típico que utiliza o capim dourado, planta nativa que confere sabor e aroma ao arroz.

A influência ribeirinha pode ser percebida em preparações que levam peixes frescos e ingredientes encontrados nas margens dos rios, a exemplo do arroz com pequi, fruta natural do Cerrado brasileiro, empregada para dar sabor a pratos tradicionais.

Ainda na culinária tocantinense, o milho é um insumo amplamente utilizado. Durante as festas juninas, receitas como a pamonha, o curau e a canjica são preparadas e apreciados em todo o Estado. Todos são feitos com milho verde e adoçados com açúcar ou mel, criando sobremesas deliciosas.

A variedade de ingredientes disponíveis em Tocantins se reflete na quantidade de pratos típicos da região. Além dos peixes e do milho, frutas como buranhém, buriti, jenipapo e cajá são usadas na fabricação de sucos, doces e licores.

Outros pratos notáveis incluem o babaçu, espécie de torta feita com o fruto do babaçu, e o arroz de galinha caipira, receita tradicionalmente nordestina, mas que encontrou seu lugar na culinária local.

Síntese

Neste capítulo, ressaltamos que a Região Norte, com sua vasta extensão territorial e a riqueza natural da Amazônia, tem uma cultura alimentar profundamente enraizada na biodiversidade local. A culinária nortista carrega traços oriundos de tradições indígenas, africanas e europeias, resultando em pratos únicos e sabores intensos.

Para saber mais

CHAVES, G.; FREIXA, D.; FERRAZ, R. **Fartura:** expedição Amazonas. São Paulo: Melhoramentos, 2018.

O livro indicado para leitura reuniu profissionais de diferentes áreas, os quais pesquisaram, registraram e divulgaram a cadeia produtiva gastronômica em todos os estados brasileiros.

Questões para revisão

1. Qual o nome do maior rio em volume de água em todo o planeta?
   a) Rio São Francisco.
   b) Rio Amazonas.
   c) Rio Nilo.
   d) Rio Mississipi.

2. Na culinária do Amazonas, qual é a sensação provocada pela erva jambu?
   a) Sensação de calor.
   b) Sensação de picância.
   c) Sensação de dormência na boca.
   d) Sensação de frescor.

3. A culinária da Região Norte do Brasil é marcada pelo uso de ingredientes típicos e pela influência de diversas culturas. Os subprodutos da mandioca são:
   a) tucupi, tapioca e pimenta brava.
   b) tucupi, tucumã e caldo de mandioca.
   c) tacacá, goma, tucupi e tapioca.
   d) tapioca, tucupi, goma e farinha de mandioca.

4. Explique como a culinária da Região Norte do Brasil reflete a influência das raízes indígenas em suas preparações.

5. Em que medida a diversidade de ingredientes naturais da Amazônia contribui para a riqueza da culinária amazonense?

Questões para reflexão

1. Como a preservação da Floresta Amazônica e a sustentabilidade na utilização de seus recursos naturais podem favorecer a manutenção da riqueza culinária e gastronômica da Região Norte?

2. De que forma a valorização e promoção da gastronomia típica do Norte do Brasil podem influenciar o turismo e o desenvolvimento econômico da região, proporcionando oportunidades para as comunidades locais?

Capítulo 3
Culinária da Região Nordeste

Conteúdos do capítulo
- Aspectos econômicos, sociais e culturais da alimentação no Nordeste do Brasil.
- Cozinhas do Ceará, do Rio Grande do Norte, da Bahia e de Pernambuco.

Após o estudo deste capítulo, você será capaz de:
1. diferenciar as técnicas e os alimentos utilizados em preparações regionais típicas do Nordeste;
2. compreender a culinária local e as influências recebidas;
3. identificar os ingredientes típicos e os pratos tradicionais regionais;
4. desenvolver as diversas técnicas de preparo da culinária regional;
5. explicar o cenário gastronômico local.

3.1 Aspectos econômicos, sociais e culturais da alimentação no Nordeste

A cultura alimentar nordestina é dividida em três sub-regiões importantes: o litoral nordestino, o Sertão nordestino e o Recôncavo baiano. O litoral nordestino é uma das principais áreas de uso comercial da região, pois o turismo local é valorizado por belas paisagens e praias de beleza única. Nessa área, a alimentação é baseada no consumo de peixes e frutos do mar. Alguns pratos emblemáticos da cozinha litorânea são pirões de peixe, mariscos, camarão no jerimum, entre outros, geralmente associados aos peixes e frutos do mar locais.

Por sua vez, a alimentação estabelecida no Sertão é basicamente composta por carne bovina, arroz, feijão, milho, farinha de mandioca, goma, maxixe, batata-doce, jerimum, carne caprina, entre outros insumos que remetem à cultura do Sertão e do Agreste nordestinos. Em geral, as preparações priorizam o uso de carnes secas e salgadas, grãos resistentes, como a fava, e cozidos muito saborosos, feitos com legumes.

Já no Recôncavo baiano, a tradição é levada em consideração, baseada na preservação de costumes religiosos predominantemente oriundos da cultura africana, com uma alimentação voltada aos rituais e às comidas de santos.

Nessa perspectiva, Borges (2018) afirma que a gastronomia nordestina é muito marcante em termos de sabor e de insumos e preparações simples, como carne de sol, galinha ao molho pardo, feijão-de-corda e arroz vermelho.

A culinária e os aspectos culturais do Nordeste são atrativos não apenas para turistas, mas também para *chefs*. Seus ingredientes peculiares constituem um marco especial para a culinária brasileira. No Sertão, a cozinha é composta por carnes como carne de bode, carne de sol e carne suína. Alguns insumos emblemáticos dessa região são: queijo de coalho, manteiga de garrafa, rapadura, melado, dendê, caju, inhame, feijão-de-corda e quiabo.

A culinária nordestina é marcada por um cenário de escassez e sofrimento, em virtude dos grandes períodos de estiagem, do clima muito seco e do calor excessivo. Por essa razão, os nativos locais tiveram que aplicar técnicas de secagem e desidratação nas carnes, para que houvesse a cura e, consequentemente, maior durabilidade desses produtos tão perecíveis. Isso explica por que a gastronomia local é tão valorizada e remete à alimentação com sustância, sempre acompanhada de proteínas e caldos fortificados cheios de sabor.

O cuscuz é um dos preparos que não pode faltar no dia a dia do nordestino, servindo de base para muitas refeições a qualquer hora do dia. A tapioca e o beiju são exemplos de iguarias presentes em refeições como o café da manhã ou o lanche da tarde. Segundo Borges (2018), outros pratos com destaque e notoriedade no Nordeste são: moqueca, vatapá, acarajé, arrumadinho, baião de dois, rubacão, bolinho de feijão-de-corda, caldinho de sururu, bolinho de macaxeira, caranguejo com vinagrete, caldeirada, xaxado, peixada paraibana, buchada de bode, capiau, carneiro com leite de coco, capote, dobradinha com feijão-branco, vaquejada, cabrito ensopado, reboco, camarão com leite de coco, arroz Maria Izabel, maxixada nordestina e carne de sol na lata, cujos acompanhamentos são produzidos com simplicidade de ingredientes, mas prezando pelo sabor apurado, tal como o próprio cuscuz nordestino (que pode ser recheado), o pirão de camarão seco e a paçoca de carne paraibana, entre outros.

Terra de Lampião e Maria Bonita, Luiz Gonzaga, Gilberto Gil e Antônio Nobrega, o Nordeste é símbolo do forró, do frevo e do baião. Nesse território, os nordestinos comemoram com muita alegria momentos e festas especiais, a exemplo do São João, festa característica que mistura fé, gastronomia e ritmos musicais. Na esfera religiosa, os nativos costumam se engajar no festejo de São Cícero, tradicional evento que acontece depois das celebrações de São João. Ainda, as vaquejadas valorizam a figura do vaqueiro diante dos embates travados na terra árida e hostil da Caatinga. Além dessas comemorações, existem outras festividades que têm como foco destacar o gado caprino e seus subprodutos, tal como a Festa do

Bode Rei, em homenagem ao animal considerado símbolo da região nordestina (Chaves; Freixa, 2007).

3.2 A cozinha cearense

A cozinha do Ceará simboliza a riqueza cultural e geográfica local. Com uma mistura de ingredientes locais, técnicas de preparo únicas e influências indígenas, africanas e portuguesas, a culinária desse estado é uma experiência que encanta os paladares de quem a experimenta.

No Ceará, há uma junção dos sabores do sertão e do mar. Em sua vasta extensão costeira, predominam pratos à base de peixes e frutos do mar, mas não excluem a apreciação de iguarias com carne de sol e frango. Em particular, o pargo é preparado assado com sal grosso sobre a brasa. No entanto, o serigado, também conhecido como *badejo*, é emblemático na culinária local, especialmente na cocção da peixada. A preparação envolve cortar o peixe fresco em postas, temperá-las com sal, limão e alho, enquanto, em outra panela, repolho, cenoura, cebolas, batatas, tomates e ovos cozinham delicadamente em óleo, colorífico e sal. Quando esse preparo está quase finalizado, as postas do peixe são adicionadas, e o leite de coco natural é incorporado para dar um toque de cremosidade. A peixada é servida acompanhada de pirão de farinha de mandioca, cozida no caldo enriquecido com o peito e a cabeça do peixe.

Por outro lado, no sertão, a culinária cearense se destaca com pratos como a carne de sol com paçoca, uma farofa feita com carne de sol ou de charque assada, desfiada e socada com farinha de mandioca, servida ao lado de macaxeira ou pirão de leite. Típico entre os nativos, o baião de dois consiste em uma mistura saborosa de arroz e feijão-de-corda, com variações que incluem carne de sol e toucinhos. Ademais, a galinha de cabidela é uma receita única, em que a ave é marinada e cozida em um molho preparado com seu próprio sangue fresco e vinagre. Outra versão igualmente apreciada é a galinha de capoeira, na qual a carne é cortada em pedaços, refogada com temperos intensamente condimentados e cozida em seu próprio molho.

A cozinha do Ceará emprega uma ampla variedade de ingredientes frescos e saborosos. No litoral, os frutos do mar têm papel fundamental: camarões, lagostas, peixes e caranguejos são preparados de diversas maneiras, como na clássica peixada cearense, um ensopado de peixe com molho de tomate e coentro. As ostras da região de Canoa Quebrada também são um destaque, servidas frescas e acompanhadas por molhos especiais.

No interior do Estado, a carne de sol é uma iguaria bastante apreciada. A carne é salgada e seca ao sol, resultando em um sabor único e suculento. Pratos como carne de sol com macaxeira e baião de dois são exemplos deliciosos dessa técnica de preparo.

A influência indígena se evidencia pela presença de alimentos como a mandioca, utilizada para fazer a famosa farofa de carne de sol, e a tapioca, uma espécie de panqueca recheada com queijo, coco ou outros ingredientes.

Já os africanos contribuíram em receitas como o acarajé, um bolinho de feijão-fradinho frito e recheado com camarões e vatapá, além da utilização de ingredientes como o azeite de dendê e o leite de coco.

Por fim, os portugueses deixaram sua marca com o vatapá, um creme de pão, leite de coco, azeite de dendê, camarões e castanhas, e com alguns doces à base de ovos, como o bolo mole e o pudim de leite.

3.3 A cozinha potiguar

Banhado pelo Oceano Atlântico, o Rio Grande do Norte é marcado com uma localização geográfica privilegiada, que se traduz em uma cozinha rica e diversificada. Nessa terra de belezas naturais deslumbrantes, os pratos típicos são produzidos com os produtos da terra e os abundantes frutos do mar.

O gentílico *potiguar* tem origem peculiar: em tupi-guarani, significa "comedor de camarão", o que revela a importância desse crustáceo na dieta dos habitantes que já ocupavam a costa oriental do Brasil antes da chegada dos europeus. Como resultado, não é surpreendente que o camarão seja um ingrediente-chave em várias receitas pernambucanas.

Entre as delícias preparadas com esse ingrediente, estão o bobó de camarão, o camarão ao creme de milho, o camarão no abacaxi, o camarão na manteiga de garrafa, o camarão com legumes, o camarão com manga e cachaça, o camarão no leite de coco e a tradicional moqueca de camarão.

Além do camarão, o caranguejo figura entre as iguarias mais apreciadas na região, em pratos como a caranguejada, o arroz de caranguejo e as patinhas de caranguejo, que encantam os paladares locais e dos visitantes.

Os peixes menores são fritos em azeite de dendê e servidos com legumes ou como recheio de tapiocas. Um exemplo notável é a ginga com tapioca, receita de sucesso na Praia da Rendinha, em Natal. Já os peixes maiores, como pargo e garoupa, são preparados de diversas maneiras, como em moquecas, assados ou grelhados, e frequentemente são servidos acompanhados por mandioca, farofa ou purê de jerimum (abóbora).

Na região do Sertão, a carne de sol é bastante tradicional e, em geral, é servida com paçoca, uma farofa feita com carne de sol (ou charque) assada, desfiada e misturada com farinha de mandioca. Além disso, o Estado oferece inúmeros produtos derivados do leite, como a notória manteiga de garrafa e a nata. Ainda, os caprinos têm presença marcante na cultura potiguar, e suas preparações culinárias não diferem das encontradas em outras regiões do interior do Nordeste.

Ademais, o Rio Grande do Norte oferece uma gama de doces e acompanhamentos tradicionais, incluindo bolos de carimã e macaxeira, canjica, pamonhas, cuscuz e o famoso grude, preparado com manteiga, sal, açúcar, coco ralado, leite e goma de tapioca.

3.4 A cozinha baiana

Conhecida como a *terra da felicidade*, a Bahia preserva intensamente as influências africanas em seus costumes, suas crenças e, especialmente, na rica gastronomia. A cozinha baiana é um tesouro culinário caracterizado pela autenticidade e pelo profundo vínculo com a religiosidade local. Na gastronomia desse estado, a religiosidade é uma presença constante. As receitas tradicionais estão intrinsicamente vinculadas às oferendas aos orixás do candomblé, uma das principais religiões afro-brasileiras. Nessa perspectiva, a comida tornou-se um elemento popularizado que representa toda a sociedade baiana.

Os sabores marcantes da culinária baiana são fruto da utilização de ingredientes distintivos. O leite de coco, o azeite de dendê, o coentro e a pimenta-malagueta são elementos essenciais que permeiam muitas receitas regionais. O azeite de dendê, de origem africana, contribui com seu sabor característico, enriquecendo pratos como moquecas, mariscadas, caruru, acarajé e abará.

O acarajé, o vatapá e o caruru são estrelas no "tabuleiro" das baianas, figuras icônicas da cultura gastronômica local. Além desses petiscos irresistíveis, a cozinha da Bahia é enriquecida com iguarias como o mungunzá. As cores vibrantes dos alimentos e das frutas são um reflexo da indumentária das baianas, que homenageiam tanto os santos católicos quanto os orixás do candomblé.

A cozinha baiana simboliza um caldeirão cultural que reflete a riqueza das influências africanas, europeias e indígenas, responsáveis por moldar a história do estado. As cores e os sabores se entrelaçam harmoniosamente, representando o mosaico cultural da Bahia. Assim, podemos afirmar que a gastronomia da Bahia não é somente uma experiência para o paladar, mas também uma celebração da identidade, da história e da religiosidade do povo baiano.

3.5 A cozinha pernambucana

Pernambuco ostenta uma rica herança cultural e culinária, moldada no decorrer dos séculos por influências indígena, africana e portuguesa. A cozinha local está profundamente vinculada à religião católica, e isso é evidente durante a Semana Santa. Nesse período, os pratos tradicionais se relacionam à tradição católica. O peixe e o camarão são os protagonistas, muitas vezes servidos com bredo, tempero característico da região. O leite de coco é outro insumo essencial, conferindo uma rica cremosidade a preparações simples, como o arroz com feijão.

A comida servida na Semana Santa em Pernambuco representa um valor alimentar integrado à culinária regional, e sua tradição continua a ser transmitida por gerações.

As festas juninas, incluindo as de São João, representam momentos de alegria em Pernambuco, e a culinária, como não seria diferente, exerce papel de resgate cultural em tais celebrações, o que envolve a preparação de uma infinidade de receitas à base de milho, incluindo pamonha, canjica e bolo de fubá.

Em celebrações como essas, são servidos bolos tradicionais de macaxeira, pé de moleque e o lendário bolo Souza Leão, cuja receita é segredo de família. Tais iguarias são apreciadas em meio à música e à dança típicas das festas juninas, criando uma experiência cultural única.

Estrela da culinária pernambucana, a carne de bode é tão apreciada que existe um complexo gastronômico em Petrolina chamado Bodódromo, local que reúne dezenas de estabelecimentos especializados em servir esse prato, o qual é preparado de diversas maneiras, abrangendo assados suculentos até ensopados saborosos. A variedade de preparações oferece aos visitantes uma verdadeira imersão na cultura gastronômica local.

Além dos pratos mencionados, a culinária de Pernambuco fornece sabores e pratos típicos, como o cartola (uma sobremesa de queijo e banana), o arrumadinho (com charque ou carne de sol, farofa, vinagrete e feijão-fradinho), a tapioca, a buchada de bode, a peixada pernambucana, o cuscuz, a pamonha e muitos outros.

Síntese

Neste capítulo, explicamos que a culinária nordestina representa uma incrível tapeçaria de sabores, influenciada por sua geografia diversificada, pelas heranças culturais de diferentes povos (indígenas, africanos e portugueses), pelo turismo e, também, por tradições religiosas. Ademais, salientamos que algumas técnicas da cozinha dessa região surgiram como resposta às adversidades referentes ao tempo seco e ao clima quente do clima, a exemplo da secagem e desidratação de carnes, para garantir a durabilidade dos alimentos. Também mencionamos que a gastronomia nordestina é muito celebrada em festividades religiosas.

Para saber mais

BORGES, D. **Coleção tempero brasileiro**: Brazilian Flavor Collection. São Paulo: Lafonte, 2017.

No livro indicado, você encontrará diversas informações sobre a culinária nordestina e aprenderá que a criatividade, não raro, é o principal ingrediente para desenvolver receitas únicas e saborosas.

Questões para revisão
1. Quais são as três principais áreas que dividem a cultura alimentar nordestina mencionadas neste capítulo?
   a) Planalto, Sertão e Agreste.
   b) Norte, sul e leste.
   c) Litoral nordestino, Sertão nordestino e Recôncavo baiano.
   d) Praias, florestas e montanhas.

2. Qual é o ingrediente característico da culinária do Rio Grande do Norte?
a) Mandioca.
b) Azeite de dendê.
c) Camarão.
d) Feijão-de-corda.

3. Que ingredientes são essenciais na culinária baiana?
a) Açúcar e canela.
b) Leite condensado e café.
c) Leite de coco, azeite de dendê, coentro e pimenta-malagueta.
d) Maçã e canela.

4. Como as condições climáticas e geográficas do Nordeste influenciaram o desenvolvimento da culinária da região? Dê exemplos.

5. Explique a importância da religiosidade na culinária baiana e como ela se reflete nos pratos tradicionais.

6. Em que medida a culinária nordestina é reflexo da diversidade cultural e das influências de diferentes grupos étnicos no decorrer da história?

Questões para reflexão

1. Imagine que existe uma pequena comunidade no interior do Nordeste brasileiro chamada São Francisco do Sertão, conhecida por sua rica herança cultural e gastronômica. A população local sempre se orgulhou de suas tradições culinárias, passadas de geração a geração. No entanto, nos últimos anos, a comunidade vem enfrentando desafios que ameaçam a preservação de sua cultura gastronômica. A principal atividade econômica do povoado sempre foi a agricultura de subsistência, de alimentos como mandioca, feijão, milho, além da criação de animais como cabras e galinhas. Tais ingredientes são fundamentais na culinária local. Nos últimos anos, porém, a região tem sofrido com a escassez de chuvas e longos períodos de seca, prejudicando a produção agrícola e a disponibilidade de insumos tradicionais. Além disso,

os jovens da comunidade têm migrado para áreas urbanas em busca de oportunidades de emprego, levando consigo o conhecimento sobre as receitas locais, o que acarretou uma lacuna geracional na transmissão desses saberes culinários. Sendo assim, resumidamente, a população de São Francisco do Sertão vem se deparando com os desafios listados a seguir.

Desafios econômicos:
- a falta de chuvas e a diminuição da produção agrícola afetaram a renda da comunidade, tornando difícil o acesso a ingredientes tradicionais;
- a migração dos jovens reduziu a mão de obra disponível para a agricultura e a preservação das tradições culinárias;
- a comunidade depende cada vez mais de alimentos industrializados, afetando sua saúde e a autenticidade de sua culinária.

Desafios sociais e culturais:
- os idosos da comunidade detêm o conhecimento culinário tradicional, mas enfrentam dificuldades para transmiti-lo às gerações mais jovens;
- a falta de interesse dos jovens na preservação das tradições gastronômicas ameaça a continuidade desses saberes;
- o turismo rural é uma oportunidade de gerar renda, mas a autenticidade da culinária local está em risco graças à falta de ingredientes tradicionais e de cozinheiros experientes.

Considerando o exposto, reflita sobre as seguintes questões:
a) Como a comunidade de São Francisco do Sertão pode lidar com os desafios econômicos, como a escassez de chuvas e a dependência de alimentos industrializados, para preservar sua gastronomia tradicional?
b) Quais estratégias podem ser adotadas para incentivar os jovens a se envolverem na preservação das tradições culinárias da comunidade?

c) De que forma o turismo rural pode ser uma oportunidade de renda para a comunidade, ao mesmo tempo em que preserva a autenticidade de sua culinária?

d) De que maneira o apoio governamental e de organizações locais pode contribuir para a preservação da gastronomia nordestina em comunidades como a de São Francisco do Sertão?

Capítulo 4

Culinária da Região Centro-Oeste

Conteúdos do capítulo
- Aspectos econômicos, sociais e culturais da alimentação no Centro-Oeste do Brasil.
- Principais ingredientes e temperos da região.
- Cozinhas do Mato Grosso, do Mato Grosso do Sul e de Goiás.

Após o estudo deste capítulo, você será capaz de:
1. diferenciar as técnicas e os alimentos utilizados em preparações regionais típicas do Centro-Oeste;
2. compreender a culinária local e as influências recebidas;
3. identificar os ingredientes típicos e os pratos tradicionais regionais;
4. desenvolver as diversas técnicas de preparo da culinária regional;
5. explicar o cenário gastronômico local.

4.1 Aspectos econômicos, sociais e culturais da alimentação no Centro-Oeste

Composta pelos estados de Goiás, Mato Grosso, Mato Grosso do Sul, além do Distrito Federal, a Região Centro-Oeste é geograficamente diversa. Sua alimentação é uma mescla de aspectos econômicos, sociais e culturais que moldam a gastronomia local.

A atividade agrícola é intensa na região, que dispõe de vastas plantações de soja, milho, algodão e cana-de-açúcar. A produção agrícola tem um impacto significativo na alimentação local, com a presença constante de produtos como o arroz e o feijão na dieta da população.

A criação de gado é outra atividade econômica essencial, contribuindo para o consumo de carne bovina e outros produtos derivados. O churrasco é parte importante da cultura alimentar do Centro-Oeste, influenciando a maneira como a carne é preparada e apreciada.

As influências mais marcantes na cozinha regional são as indígenas, afro-brasileiras e europeias, evidenciadas em pratos tradicionais como a galinhada, o peixe na telha e o arroz com pequi, que unem ingredientes e técnicas de diferentes origens.

A alimentação ainda é significativa nas celebrações culturais da região. Festas juninas, rodeios e comemorações locais frequentemente destacam pratos típicos e contribuem para criar um ambiente de celebração e comunhão.

O Centro-Oeste valoriza os ingredientes regionais, como o já mencionado pequi, e a guariroba, um tipo de palmeira. Nesse sentido, a região abriga uma tradição de comida "de raiz", com receitas transmitidas por gerações. Essa culinária tradicional é apreciada tanto nas residências quanto em restaurantes especializados, que se dedicam a preservar a autenticidade da cozinha local.

Na região, portanto, a alimentação é reflexo cultural, bem como da diversidade de ingredientes. Os aspectos econômicos, sociais e culturais se entrelaçam para dar origem a uma gastronomia única que continua a evoluir e se adaptar às mudanças na sociedade contemporânea.

Além disso, Almeida (1998) relata que o Cerrado é farto em frutas nativas como araticum, baru, cajuí, jatobá, mangaba, o próprio pequi, entre outras que vêm sendo catalogadas com o objetivo de resgatar os hábitos culturais locais (Paravati, 2018).

A sazonalidade impacta a cultura gastronômica local, pois alguns alimentos estão disponíveis apenas em certas épocas do ano. É por isso que o pequi, por exemplo, pode ser encontrado em conserva ou congelado quando está fora de época ou distante da região de cultivo.

Resumidamente, entre os insumos emblemáticos da Região Centro-Oeste, podemos incluir:

- peixes de escamas, como pacu, piraputanga, pacu-beba, piabuçu, curimbatá,
- piranha e dourado;
- peixes de couro, como pintado, cachara, barbado, jurupoca e jaú;
- mandioca, banana, araticum, murici.

Algumas receitas típicas de sucesso na região são a mojica de pintado, o caldo de piranha, o caribéu, o bolo de arroz cuiabano, a sopa paraguaia e o pacu assado.

O milho também é um insumo muito presente na cultura alimentar local, já que o Centro-Oeste é conhecido como a terra da pamonha e do milho-verde. Não por acaso, diversas preparações levam milho em sua composição, a exemplo de inúmeros doces e ensopados.

Ademais, a culinária regional é repleta de temperos e aromáticos potentes e característicos, como açafrão-da-terra, gengibre, jurubeba, alho, cebola, cebolinha, salsa e coentro.

Em algumas partes da Região Centro-Oeste, a preferência é pelo uso do fogão a lenha, o que garante uma cocção lenta aos preparos, bem como assegura que os temperos se incorporem o máximo possível. De todo modo, "as formas de preparo são bem variadas: os peixes são fritos, assados, ensopados, refogados ou assados na brasa envoltos em folha de bananeira" (Cozinha..., 2009b, p. 16).

Com relação às festividades da região, no Pantanal, por exemplo, acontecem festas ao redor de fogueiras e com violeiros sendo as atrações principais. Também como reflexo da tradição da valorização do fogo, em Goiás ocorre a Festa do Fogaréu, destinada aos romeiros que, empunhando tochas, seguem na Procissão do Fogaréu.

As festas pantaneiras se estendem por muitos dias, e as pessoas ficam alojadas em redes instaladas próximas aos locais. Outra comemoração de prestígio é a Festa das Tradições Pantaneiras, que valoriza a cultura da região. Já as reservas indígenas locais promovem a Festa do Quarup, que celebra e homenageia os mortos ilustres da melhor maneira possível.

4.2 Principais ingredientes e temperos regionais

A culinária do Centro-Oeste é uma fusão de sabores e alimentos que refletem a diversidade geográfica e cultural dessa parte do país. Com influências indígenas, africanas e europeias, a cozinha local é cheia de sabores autênticos e ingredientes únicos, tais como:

- **Peixes de água doce:** os rios da região fornecem uma ampla variedade de peixes de água doce, como pacu, pintado, dourado e o famoso pirarucu. Esses peixes são frequentemente grelhados, assados ou preparados em moquecas.
- **Carne bovina:** pecuária é uma atividade fundamental da economia do Centro-Oeste, e a carne bovina é um ingrediente central na culinária local. Pratos como churrasco, picanha e carne de sol são apreciados em toda a região.
- **Milho e mandioca:** insumos fundamentais na culinária da região, o milho é empregado no preparo de receitas como pamonha, curau e canjica, e a mandioca é transformada em farinha de mandioca, amplamente usada em receitas locais.

- **Pequi:** fruta nativa da região, tem sabor e aroma únicos. É usado em pratos como o arroz com pequi, iguaria apreciada em todo o Centro-Oeste.
- **Guariroba:** palmeira nativa da região, a guariroba fornece um tipo de palmito muito apreciado, utilizado em pratos como o arroz com guariroba e a guariroba com carne de sol.

Temperos

- **Azeite de pequi:** tradicional da região, é feito a partir da polpa do pequi e adiciona um sabor distinto aos pratos.
- **Pimenta:** é usada em várias preparações, de molhos a pratos cozidos. A pimenta-malagueta é uma das variedades mais comuns.
- **Cominho e coentro:** especiarias empregadas para dar sabor e aroma às receitas, especialmente às carnes grelhadas e às moquecas.
- **Sal grosso:** é comum utilizá-lo para temperar as carnes antes do churrasco, conferindo-lhes um sabor característico.
- **Alho e cebola:** o alho e a cebola são a base de muitas preparações culinárias da região, agregando sabor e aroma aos pratos.

A combinação de ingredientes frescos e temperos autênticos resulta em pratos deliciosos e únicos que refletem a identidade culinária da Região Centro-Oeste.

4.3 A cozinha mato-grossense

O Mato Grosso tem uma culinária rica e diversificada que reflete sua vasta extensão territorial e a influência de diferentes culturas. Com uma combinação de ingredientes regionais, pratos tradicionais e técnicas culinárias únicas, a gastronomia mato-grossense é uma verdadeira celebração dos sabores da terra e da floresta, tendo sido resultado de influências indígenas, africanas e europeias.

Os indígenas já habitavam a região muito antes da chegada dos colonizadores europeus, e suas tradições culinárias deixaram uma marca profunda na comida local. Além disso, a escravidão trouxe influências africanas ao território do estado, e a colonização portuguesa incorporou ingredientes como o arroz e o feijão.

Frutas como pequi, cajá, buranhém e bacaba são tradicionais da região, frequentemente usadas em sobremesas, sucos e pratos salgados.

Uma iguaria muito apreciada especialmente no interior do estado é a carne de sol. Seu preparo envolve salgá-la e deixá-la ao sol para secar, criando um sabor característico.

Alguns dos principais pratos característicos de Mato Grosso, e de grande importância cultural, são o arroz Maria Isabel, o pintado ao urucum, o arroz com pequi e o pirarucu de casaca.

A culinária do Mato Grosso é uma homenagem à terra e à cultura da região. Com sua riqueza de ingredientes regionais e influências culturais variadas, oferece aos visitantes uma experiência gastronômica, que mostra a diversidade e a autenticidade da cozinha mato-grossense.

4.4 A cozinha sul-mato-grossense

Enraizada em tradições indígenas, a culinária do Mato Grosso do Sul é uma autêntica expressão cultural, cuja influência pantaneira se revela nos hábitos alimentares de diversas etnias locais.

A localização geográfica privilegiada do estado, entre a planície do Pantanal e o Cerrado, gera um impacto significativo em sua culinária. As inundações sazonais do Pantanal, por exemplo, influenciam diretamente a disponibilidade de ingredientes frescos na região. Diante disso, os habitantes aprenderam a adaptar sua alimentação a tais condições, tornando-se especialistas em pratos à base de peixes de água doce, como o dourado e o pintado.

As influências culturais foram bastante significativas na gastronomia do Mato Grosso do Sul. A população indígena, representante de tribos como os guaranis e os terenas, contribui com seu conhecimento sobre o uso de ingredientes nativos, como a mandioca e o milho, essenciais na dieta local.

Exemplos de receitas culturais sul-mato-grossense são:

- **Sobá**: influência da comunidade japonesa na região, o sobá é uma sopa de macarrão de trigo japonês com caldo à base de carne de porco e peixe.
- ***Puchero* pantaneiro**: versão regional do *puchero* espanhol, com carne de sol, linguiça e vegetais cozidos lentamente em um caldo rico.
- **Porco no tacho**: carne de porco cozida lentamente com mandioca, milho e temperos, até ficar macia e saborosa.
- **Comitiva pantaneira**: prato que homenageia os peões e *cowboys* pantaneiros, leva carne de sol, queijo coalho, mandioca e arroz.

A culinária do Mato Grosso do Sul festeja os sabores regionais e a diversidade cultural local. Os ingredientes naturais, as técnicas tradicionais e o respeito pelas tradições culturais se combinam para criar uma experiência gastronômica autêntica e inesquecível.

4.5 A cozinha goiana

A culinária de Goiás é reflexo da riqueza histórica e cultural da região central do Brasil. Com raízes profundamente vinculadas à herança indígena, ao legado dos bandeirantes e às influências africanas e europeias, a cozinha goiana é uma celebração de sabores únicos e tradições centenárias que resistem ao tempo.

A história do Estado de Goiás remonta aos tempos coloniais, quando a região era habitada por diversas etnias indígenas, como os karajás e os caiapós. Com a chegada dos bandeirantes em busca de ouro, a culinária local começou a absorver influências europeias, especialmente de Portugal, mediante a introdução de insumos como trigo, açúcar e leite.

Durante o ciclo do ouro, a cozinha goiana se enriqueceu com pratos elaborados, como o arroz de suã e o empadão goiano.

Africanos escravizados também deixaram registros na gastronomia local, contribuindo com o uso de temperos como o azeite de dendê e o quiabo, elementos essenciais em pratos como arroz com guariroba e arroz com pequi – fruta nativa do Cerrado e apreciada em todo o estado.

A carne de sol, preparada por meio da salga e secagem da carne, é um dos alimentos mais notórios da gastronomia goiana e é usada em receitas como arroz com carne de sol e o empadão goiano.

Veja, a seguir, as preparações mais cultuadas no território goiano:

- **Empadão goiano**: receita emblemática que combina carne de sol, queijo, guariroba, milho e mandioca, cobertos por uma massa crocante. É uma verdadeira celebração da diversidade de ingredientes goianos.
- **Arroz com pequi**: feito com arroz, pequi e carne de frango, essa preparação, de sabor marcante, ressalta a importância do pequi na gastronomia regional.
- **Pamonha e canjica**: sobremesas tradicionais à base de milho e leite, frequentemente consumidas nas festas juninas e em outras celebrações.
- **Arroz de carreteiro**: prato de origem tropeira que combina carne de sol, arroz, queijo e outros ingredientes, sendo uma herança dos bandeirantes que atravessaram a região.
- **Doce de leite de cabra**: uma influência da culinária africana, o doce de leite de cabra é uma sobremesa feita com leite de cabra e açúcar e cozida lentamente, até atingir uma consistência cremosa e doce.

A culinária de Goiás, cheia de sabores e tradições, une elementos indígenas, europeus e africanos, celebrando a cultura e história do estado. Os ingredientes nativos, as técnicas tradicionais e o amor pela comida fazem da cozinha goiana uma experiência gastronômica particular, capaz de cativar tanto os habitantes locais quanto os visitantes.

Síntese

Neste capítulo, demonstramos que a alimentação da Região Centro-Oeste é combinação de aspectos econômicos, sociais e culturais que moldam a gastronomia local. Desse modo, a cozinha regional é reflexo da intensa atividade agrícola no estado, com cultivos significativos de soja, milho, algodão e cana-de-açúcar, bem como da criação de gado, que contribui para o consumo de carne bovina e derivados.

As influências indígenas, afro-brasileiras e europeias também são evidentes na gastronomia do Centro-Oeste, por meio de receitas que unem ingredientes e técnicas de diferentes origens.

Para saber mais

TRAJANO, A. L. **Cardápios do Brasil**: receitas, ingredientes, processos. São Paulo: Ed. do Senac, 2013.

A obra indicada está repleta de informações sobre os ingredientes não só da Região Centro-Oeste, mas de todo o Brasil.

Questões para revisão
1. Fazem parte da Região Centro-Oeste do Brasil os estados de:
   a) São Paulo, Rio de Janeiro, Minas Gerais e Espírito Santo.
   b) Goiás, Mato Grosso, Mato Grosso do Sul (além do Distrito Federal).
   c) Amazonas, Pará, Rondônia e Acre.
   d) Pernambuco, Bahia, Sergipe e Alagoas.

2. Entre os tradicionais ingredientes da culinária do Centro-Oeste, estão:
   a) tapioca, coco e pimenta.
   b) pequi, guariroba, peixes de água doce e carne bovina.
   c) açaí, cupuaçu e tucunaré.
   d) bacalhau, azeitonas e azeite de oliva.

3. Qual é a influência cultural predominante na culinária de Goiás?
   a) A influência asiática.
   b) A influência italiana.
   c) As influências indígena e africana.
   d) A influência francesa.
4. Como a atividade agrícola impacta a alimentação do Centro-Oeste do Brasil?
5. Explique a importância do pequi na gastronomia da Região Centro-Oeste e mencione exemplos de preparações em que ele é empregado.

Questões para reflexão
1. Em que medida a diversidade geográfica e cultural do Centro-Oeste contribui para a riqueza de sua culinária?
2. Qual é a importância de preservar as receitas tradicionais da cozinha praticada nessa região?

Capítulo 5

Culinária da Região Sudeste

Conteúdos do capítulo
- Aspectos econômicos, sociais e culturais da alimentação no Sudeste do Brasil.
- Cozinhas de São Paulo, de Minas Gerais, do Rio de Janeiro e do Espírito Santo.

Após o estudo deste capítulo, você será capaz de:
1. diferenciar as técnicas e os alimentos utilizados em preparações regionais típicas do Sudeste;
2. compreender a culinária local e as influências recebidas;
3. identificar os ingredientes típicos e os pratos tradicionais regionais;
4. desenvolver as diversas técnicas de preparo da culinária regional;
5. explicar o cenário gastronômico local.

5.1 Aspectos econômicos, sociais e culturais da alimentação no Sudeste

A cozinha da Região Sudeste é bastante diversificada e simboliza a influência das culturas indígenas, africanas, europeias e asiáticas que, com o passar de séculos, estabeleceram-se no território composto por São Paulo, Rio de Janeiro, Minas Gerais e Espírito Santo, quatro estados que apresentam particularidades culinárias.

A modernidade das grandes metrópoles contrasta positivamente com as influências de imigrantes e as tradições do interior, em que a identidade mineira na gastronomia é fortemente presente, com receitas e preparos provenientes de culturas familiares consistentes. O contraste e a pluralidade de tradições e culturas estão significativamente relacionados à história e gastronomia da região, sendo ambos "características marcantes do Sudeste" (Chaves; Freixa, 2007, p. 105).

Exemplos de receitas emblemáticas da cozinha do Sudeste são o pão de queijo, o bolinho de bacalhau, o cuscuz paulista, o frango com quiabo, o queijo minas e até a famosa goiabada cascão.

Os ingredientes utilizados são sempre frescos e sazonais, o que resulta em pratos saborosos, coloridos e cheios de aroma. As preparações são feitas com muito cuidado e atenção aos detalhes, resultando em apresentações caseiras e muito convidativas. A gastronomia regional também é muito influenciada por festas e celebrações locais.

Os temperos e condimentos mais empregados na região incluem cebola, alho, coentro, pimenta, orégano, louro e salsa. Outro destaque da culinária local é a utilização de ingredientes típicos, como feijão, arroz, mandioca, milho e café, usados em diversas receitas, como feijão tropeiro, farofa, tutu de feijão, pão de queijo, café com leite, entre outros.

Ademais, a Região Sudeste é conhecida pela produção de queijos, a exemplo do queijo minas, utilizado em diversas receitas típicas. Ainda é comum o consumo de peixes e frutos do mar, especialmente nas regiões litorâneas, em que pratos como a moqueca capixaba e o camarão na moranga são muito populares.

A comida de boteco também é bastante marcante no Sudeste do país, com preparos rápidos e facilmente acessíveis em razão da rotina e dos costumes regionais.

Ao falar do Sudeste é impossível não mencionar o boteco, verdadeira instituição no Rio de Janeiro, em Belo Horizonte e São Paulo. A palavra boteco vem de botequim, que designa um estabelecimento comercial de alimentação popular, que serve bebidas, tira-gostos e alguns pratos de comida caseira. (Chaves; Freixa, 2007, p. 108)

Essa prática se popularizou tanto que proporcionou a criação do Festival Comida di Buteco, em que as pessoas votam para decidir qual é o melhor lanche dos estabelecimentos participantes. Além da comida de boteco, a comida de rua é muito difundida no Sudeste. É bastante comum se deparar com opções tradicionais, como pastel de feira, caldo de cana, bolinho de bacalhau, entre outras.

Em termos culturais, a cozinha da Região Sudeste desfruta de grande disponibilidade de alimentos. Não por acaso, segundo Chaves e Freixa (2007), a tradição é de que sejam feitas mais refeições ao dia do que nas demais regiões. Por isso, os nativos costumam fazer cinco refeições principais ao dia.

Outro aspecto relevante quanto à culinária do Sudeste diz respeito à hospitalidade. Principalmente em regiões do interior dos estados, as famílias têm prazer em acolher os outros e preocupam-se em servi-los bem, especialmente para um café ao final da tarde. São hábitos, crenças e estilos de vida transmitidos por gerações.

Ainda, o Sudeste é repleto de festas e tradições culturais que refletem a diversidade do povo brasileiro. Exemplos incluem o Carnaval, a Festa do Peão e do Boiadeiro, a Festa Junina, bem como festas temáticas em referência à sazonalidade de alguns alimentos, a exemplo da Festa da Uva, e em homenagem a santos, como a Festa da Padroeira do Brasil, Nossa Senhora Aparecida.

Além das tradicionais festas que compõem a cultura regional, o Sudeste é conhecido e lembrado pelos costumes e pelas tradições do artesanato e da arte familiar.

5.2 A cozinha paulistana

A cidade de São Paulo, maior metrópole da América do Sul, é conhecida por sua diversidade cultural, já que abriga imigrantes de todo o mundo, e, consequentemente, por sua rica e variada gastronomia. Sendo assim, no decorrer de anos, sua culinária se transformou em um misto de sabores, que combina influências de diferentes culturas, como a italiana, a japonesa, a árabe e a nordestina.

Um dos traços mais marcantes da cozinha paulistana diz respeito à diversidade, resultado direto das influências culturais que moldaram a cidade durante sua história. A presença de imigrantes italianos, japoneses, libaneses e portugueses contribuiu significativamente para a formação do cenário gastronômico local.

Ademais, São Paulo é famosa por suas feiras de rua e seus bares, nos quais se pode encontrar uma ampla variedade de petiscos e pratos típicos. A coxinha é um exemplo clássico da comida de rua paulistana, e os botecos são locais onde se pode saborear desde uma feijoada até um sanduíche de mortadela.

Outro alimento notório de São Paulo é a pizza, cuja história na cidade remonta às décadas de 1920 e 1930. Hoje, a cidade é considerada uma das capitais mundiais da pizza, comportando milhares de estabelecimentos que oferecem uma enorme variedade de sabores.

Os mercados municipais de São Paulo, como o Mercado Municipal Paulistano e o Mercado Municipal de Pinheiros, são verdadeiros ícones da cidade. Neles, é possível encontrar produtos frescos, queijos, embutidos e uma infinidade de ingredientes para as culinárias local e internacional.

A cena gastronômica da capital paulistana é considerada de classe mundial, repleta de restaurantes estrelados pelo Guia Michelin e de *chefs* renomados. A cidade é palco de uma explosão de criatividade culinária, onde profissionais locais e estrangeiros exploram insumos e técnicas de vanguarda.

Com base no exposto, podemos perceber que a cozinha paulista é uma verdadeira celebração da diversidade cultural e gastronômica. A capital oferece uma experiência única para os amantes da comida, de pratos tradicionais a criações contemporâneas de *chefs* renomados.

5.3 A cozinha carioca

Muitos consideram que o Rio de Janeiro é um dos destinos mais belos e vibrantes do Brasil. Além de suas praias deslumbrantes e das várias atrações culturais, a cidade carioca é um paraíso gastronômico, e sua culinária é uma fusão de influências que reflete a diversidade cultural e étnica da cidade.

Antiga capital do Brasil, a cidade do Rio de Janeiro recebeu contribuições culturais de todo o mundo. A presença de povos indígenas, africanos, portugueses e europeus favoreceu a formação de uma cozinha rica e diversificada. Pratos como a feijoada, que combina elementos africanos e portugueses, e o acarajé, de origem afro-brasileira, são exemplos de como essas influências se fundiram.

Tendo em vista sua localização à beira-mar, a cidade é notória por sua culinária voltada ao uso de frutos do mar. Exemplos como a moqueca, o camarão à baiana e o bobó de camarão são apreciados por moradores e visitantes. Ademais, é grande a variedade de peixes frescos, os quais são preparados com muita criatividade.

Os botequins também são muito emblemáticos na cultura carioca. Esses estabelecimentos informais oferecem petiscos deliciosos, como pastéis de feira, coxinhas, empadas e bolinhos de bacalhau. Assim como em São Paulo, a comida de rua é tradição no Rio de Janeiro, e as barraquinhas que vendem churrasquinho, cachorro-quente e tapioca estão espalhadas por toda a cidade.

Além disso, a culinária carioca apresenta algumas sobremesas tradicionais bastante difundidas entre a população local. Doces como quindim, brigadeiro e bolo de rolo são apreciados por todos. A cidade ainda é famosa pelo doce romeu e julieta, uma combinação de goiabada com queijo branco.

A culinária carioca traz a diversidade cultural e étnica que caracteriza o Rio de Janeiro, e suas preparações típicas simbolizam a história regional e as influências de povos vindos dos quatro cantos do mundo.

5.4 A cozinha capixaba

A gastronomia capixaba é uma fusão de influências indígenas, africanas e europeias, as quais se mesclaram durante séculos, possibilitando a criação de expressões culturais. O uso de ingredientes locais, como mandioca, peixe e coco, é bastante marcante na gastronomia capixaba.

Em razão de sua extensa costa, o Espírito Santo é um paraíso para os amantes de frutos do mar. Pratos como a moqueca capixaba, preparada com peixe fresco, tomate, cebola, coentro e azeite de dendê, são ícones da culinária local. Outras iguarias apreciadas em todo o estado são a casquinha de siri e o bobó de camarão.

A doçaria capixaba merece destaque. Sobremesas como o beijinho de coco, o bolo de aipim e o bolo formigueiro são populares em festas e celebrações. Ainda, os doces cristalizados e as compotas feitas com frutas regionais, como figo e banana, são frequentemente consumidos como sobremesas ou acompanhamentos.

A gastronomia capixaba celebra as riquezas naturais e culturais do estado, e suas receitas combinam influências de diferentes origens, criando sabores únicos.

5.5 A cozinha mineira

Minas Gerais, o coração do Brasil, é conhecido por sua cozinha rica, simples e saborosa. A comida mineira é reconhecida pela valorização dos sabores naturais dos alimentos, sem muitos temperos artificiais. Por isso, a gastronomia mineira é uma verdadeira expressão da cultura e da história do estado, representando influências indígenas, africanas e portuguesas.

Os pratos tradicionais são preparados com ingredientes básicos, como feijão, arroz, milho e mandioca. Uma das receitas mais emblemáticas de Minas Gerais é o feijão tropeiro, iguaria que leva feijão, farinha de mandioca, linguiça, bacon, ovos e temperos. Tradicionalmente, o prato era feito pelos tropeiros durante as viagens pelo interior do Brasil; hoje, no entanto, já é parte essencial da culinária local.

Os mineiros também são notórios pela produção de deliciosos queijos, especialmente o queijo minas, empregado em inúmeras receitas culinárias da região. Além disso, as quitandas são uma variedade de pães, bolos e biscoitos caseiros que fazem parte do cotidiano mineiro, exemplificadas pela broa de fubá, pelo pão de queijo e pela rosca.

Quanto às sobremesas, a doçaria mineira é uma das mais celebradas em todo o Brasil. Doce de leite, queijadinha, pudim de leite condensado e canjica são muito apreciados em festas e comemorações. O estado ainda é conhecido por suas "mesas de café", nas quais uma ampla variedade de doces e bolos é servida.

A culinária de Minas Gerais é uma celebração de tradição, simplicidade e sabor. Os pratos mineiros conquistam corações com seus sabores autênticos e ingredientes frescos.

Síntese

Neste capítulo, ressaltamos que a culinária do Sudeste é diversificada e carrega influências culturais indígenas, africanas, europeias e asiáticas.

Cada estado que compõe essa região tem uma culinária própria e distintiva. Em geral, porém, todos prezam pelas mesmas características que tornam essa cozinha tão especial: a hospitalidade e as tradições.

> **Para saber mais**
>
> MONTANARI, M. **Comida como cultura**. Roma: Laterza, 2004.
>
> A alimentação é reflexo da cultura não apenas no momento de sua produção, mas também durante o processo de preparação e, inclusive, no consumo. De acordo com Montanari, as pessoas não se limitam a utilizar o que a natureza oferece, uma vez que também criam alimentos, empregam técnicas específicas de preparação e fazem escolhas alimentares com base em critérios culturais. A leitura do livro *Comida como cultura* é fundamental para quem deseja compreender a natureza desse ser social, cuja identidade é forjada por meio da interseção de influências que se desenvolveram durante a história. O autor nos oferece um panorama geral da gastronomia considerando a ótica de diferentes culturas e da sociedade.

Questões para revisão

1. Assinale a alternativa que apresenta **incorretamente** um exemplo de influência cultural na culinária da Região Sudeste:
   a) Influência africana.
   b) Influência europeia.
   c) Influência asiática.
   d) Influência americana.

2. Assinale a única alternativa que **não** menciona uma comida típica da culinária do Sudeste:
   a) Coxinha.
   b) Pão de queijo.

c) Feijoada.
d) Moqueca.
3. A culinária do Estado de São Paulo reflete a diversidade cultural de sua capital em razão da:
   a) predominância de influências africanas.
   b) presença de imigrantes de todo o mundo.
   c) forte influência da culinária nordestina.
   d) influência predominante de povos indígenas.
4. Explique como a diversidade cultural do Sudeste do Brasil impactou a culinária dessa região no decorrer dos séculos. Cite exemplos de preparações e ingredientes que refletem tais influências culturais.
5. Discorra sobre a importância da popular "comida de rua" na Região Sudeste, especialmente em grandes cidades, como São Paulo e Rio de Janeiro. De que modo esses alimentos contribuem para a cultura gastronômica local e em que medida esse contexto simboliza a identidade culinária da região?

Questões para reflexão

1. Como a preservação das tradições culinárias regionais pode fomentar a promoção da diversidade cultural e fortalecer a identidade local na Região Sudeste?
2. Em que medida a culinária do Sudeste, que enfatiza o emprego de ingredientes sazonais e regionais, pode inspirar práticas alimentares mais sustentáveis e conscientes em outras partes do Brasil?

Capítulo 6
Culinária da Região Sul

Conteúdos do capítulo
- Aspectos econômicos, sociais e culturais da alimentação no Sul do Brasil.
- Ingredientes típicos da região.
- Cozinhas do Rio Grande do Sul, de Santa Catarina e do Paraná.

Após o estudo deste capítulo, você será capaz de:
1. diferenciar as técnicas e os alimentos utilizados em preparações regionais típicas do Sul;
2. compreender a culinária local e as influências recebidas;
3. identificar os ingredientes típicos e os pratos tradicionais regionais;
4. desenvolver as diversas técnicas de preparo da culinária da região;
5. explicar o cenário gastronômico local.

6.1 Aspectos econômicos, sociais e culturais da alimentação no Sul

Composta pelos estados do Paraná, de Santa Catarina e do Rio Grande do Sul, a Região Sul tem uma culinária marcada pela presença de pratos à base de carnes, embutidos e grãos, além de sobremesas e bebidas típicas.

A Região Sul é uma das mais urbanizadas do Brasil e contempla grandes concentrações de cidades e centros urbanos, o que estimula os setores de comércio e de serviços, incluindo as áreas financeira, de educação e de saúde. A infraestrutura desenvolvida das cidades sulistas é capaz de atrair investimentos e turismo.

Além disso, os estados sulistas são responsáveis por uma parte significativa das exportações brasileiras. Produtos como soja, carne, madeira, máquinas e equipamentos estão entre os mais exportados, e os portos de Paranaguá (PR), Itajaí (SC) e Rio Grande (RS) são fundamentais para o escoamento da produção.

Um dos pilares econômicos do Sul é a atividade agrícola diversificada, que inclui cultivos de soja, milho, trigo, feijão, tabaco, maçãs, uvas e outros produtos. O clima favorável e a qualidade do solo contribuem para o sucesso da agricultura na região.

A criação de gado bovino e a produção de carne são preponderantes na economia local. O Rio Grande do Sul, em particular, é um dos maiores produtores brasileiros de carnes bovina e ovina. Além disso, a pecuária se revela crucial na manufatura de leite e derivados, contribuindo para a indústria de laticínios.

Outro setor relevante é a agroindústria, responsável pelo processamento de alimentos, bem como pela produção de vinho e das carnes suína e de frango, entre outros produtos. A base industrial do Sul abrange os setores de metalurgia, química, automobilística, têxtil e tecnologia da informação. Cidades como Curitiba, Joinville e Porto Alegre abrigam polos industriais significativos. A presença de indústrias contribui para a geração de empregos e o crescimento econômico da região.

Importante fonte de receita, o turismo também é muito difundido no território sulista, que conta com paisagens deslumbrantes, praias incríveis, serras arborizadas e cidades charmosas. Destinos como Florianópolis, Gramado e Foz do Iguaçu, além das praias catarinenses, são muito populares entre os turistas.

Com relação à culinária local, o churrasco é definidamente uma das preparações mais emblemáticas da gastronomia sulista. Em geral, é servido no tradicional almoço em família, com arroz, farofa, maionese e outros acompanhamentos. Outra receita tradicional é o barreado, típico do litoral paranaense, que leva carne cozida em panela de barro com cominho e farinha de mandioca.

A região ainda é conhecida pela produção de embutidos, como salames, linguiças e queijos, os quais são consumidos como petiscos ou incorporados a pratos como a feijoada, bastante associada ao Rio Grande do Sul. Quanto às sobremesas típicas, as mais difundidas são o sagu, feito com farinha de mandioca e suco de uva, e o quindim, um doce à base de ovos e coco.

O Sul ainda é responsável pela produção de bebidas tradicionais como o chimarrão, um chá amargo feito com erva-mate e consumido em cuia com bomba, e o vinho, que é produzido em diversas regiões, especialmente no Rio Grande do Sul. A culinária sulista, portanto, revela ser uma incrível mistura de tradições e sabores, por isso se trata de uma das cozinhas mais ricas e diversificadas do país.

A gastronomia sulista é reflexo da grande diversidade cultural da região, resultante da mistura de influências de diferentes grupos étnicos que habitaram o local no decorrer da história.

Segundo Paravati (2018, p. 113), "a região Sul do Brasil foi colonizada principalmente por europeus, portugueses dos açores, alemães, italianos, ucranianos, russos, poloneses. Dessa forma, os hábitos alimentares dos moradores advêm da cultura desses povos que contribuem com a formação da gastronomia brasileira".

Os indígenas que habitavam a região já faziam uso de alimentos como mandioca, milho, feijão e peixes, os quais continuam importantes na culinária atual. Com a chegada dos imigrantes europeus, especialmente alemães, italianos e poloneses, novos sabores e práticas culinárias foram introduzidos, proporcionando a fabricação de pratos como chucrute, *pierogi* e macarrão com galinha. Por sua vez, a presença dos tropeiros, viajantes que conduziam tropas de animais por caminhos do Sul do Brasil, trouxeram outros insumos, como charque e carne seca, os quais foram incorporados à cozinha regional.

Algumas das tradições mais significativas na gastronomia sulista são estas:

- **Churrasco:** a tradição do churrasco é muito marcante na Região Sul, especialmente no Rio Grande do Sul. O gaúcho gosta de passar uma salmoura forte, com um chumaço de guanchuma ou carqueja, sempre depois de a carne pegar uma cor. Em algumas regiões, o sal grosso é adicionado somente ao final da cocção, quando a carne está chegando ao ponto.
- **Pinhão:** é a semente da araucária, árvore típica do Sul do Brasil, encontrada principalmente no Paraná. O alimento pode ser cozido para ser consumido ou aplicado na fabricação de farofas, paçocas e doces. Um dos pratos mais conhecidos que leva essa semente é o entrevero, uma mistura de carnes e pinhão cozido em um tacho.
- **Cuca:** um bolo típico tradicional de Santa Catarina, em cujo preparo emprega-se fermento biológico, e que pode ser recheado de várias maneiras, como farofa e banana, farofa e uva ou apenas farofa doce.
- **Vinho:** a Região Sul é responsável por grande parte da produção de vinhos do Brasil. A Serra Gaúcha, inclusive, destaca-se em comparação com outras localidades do país.

6.2 Ingredientes típicos da região

O Sul é famoso por uma tradição culinária influenciada pela colonização europeia, principalmente alemã, italiana e polonesa, além de apresentar características oriundas de povos indígenas e africanos. Tamanha diversidade cultural pode ser observada nos variados e deliciosos insumos empregados na cozinha sulista, cujo resultado são pratos únicos.

A esse respeito, confira, a seguir, ingredientes típicos da gastronomia sulista:

- **Carne de porco**: a carne suína é amplamente consumida na Região Sul, seja no churrasco de porco, seja no torresmo ou no leitão à pururuca.

Figura 6.1 – Carne de porco

Lunov Mykola/Shutterstock

- **Milho**: o milho é usado em diversas preparações, como polenta, curau, mungunzá e pamonha, especialmente em época de festa junina.

Figura 6.2 – Milho

- **Pinhão:** as sementes de pinhão, oriundas da araucária, são uma iguaria de inverno e, normalmente, são consumidas cozidas ou usadas em receitas como entrevero.

Figura 6.3 – Pinhão

- **Erva-mate:** erva essencial para a preparação do chimarrão, bebida que é símbolo da cultura gaúcha. Atualmente, a erva-mate também é empregada no preparo de receitas inovadoras em doces, molhos, emulsões e onde mais a criatividade permitir, sendo um dos adventos de modernidade explorado por *chefs* que valorizam os ingredientes locais.

Figura 6.4 – Erva-mate

- **Batata-doce:** a batata-doce é empregada em diversas preparações sulistas, tais como na combinação de batata-doce assada com sagu, sobremesa de pérolas de tapioca, podendo ainda ser utilizada em pães, bolos, sopas e cremes.

Figura 6.5 – Batata-doce

- **Queijos**: a Região Sul é famosa pela produção de queijos, incluindo o queijo colonial e queijos artesanais. O Sul é premiado por sua produção de queijos, o que valoriza ainda mais seus subprodutos.

Figura 6.6 – Queijos

- **Charque**: a carne charqueada é usada em pratos como o arroz de carreteiro, versão gaúcha do arroz de carne seca. O charque também é muito utilizado em cozidos lentos e preparos à base de líquidos para reidratação de carnes. Geralmente, faz-se o dessalgue para os preparos, pois o processo de desidratação da carne é realizado com o emprego do sal, o que a torna muito salgada para consumo sem a realização do processo, que consiste em realizar a fervura trocando de água de duas a três vezes.

Figura 6.7 – Charque

Bigc Studio/Shutterstock

- **Peixes de água doce**: peixes de água doce, como o dourado e o surubim, são apreciados na brasa ou assados em folhas de bananeira.

Figura 6.8 – Surubim, peixe de água doce

Ritu Manoj Jethani/Shutterstock

- **Vinhos e uvas**: a Região Sul também é notória na produção de vinhos, especialmente no Rio Grande do Sul e em Santa Catarina, com variedades de uvas como a niágara.

Figura 6.9 – Região produtora de vinhos

- **Bergamota (mexerica)**: fruta cítrica muito consumida nos três estados da Região Sul, geralmente é usada para fazer o ponche, um suco de bergamota.

Figura 6.10 – Bergamota (mexerica)

Esses ingredientes são a base de pratos tradicionais que fazem parte da identidade gastronômica da Região Sul, conhecida por sua culinária rica em sabores e tradições.

6.3 A cozinha gaúcha

A culinária do Rio Grande do Sul é uma das mais distintas e fartas do Brasil, com fortes influências das culturas indígena, europeia (principalmente alemã, italiana e portuguesa) e africana. A gastronomia local é conhecida por pratos robustos e sabores marcantes, dos quais o exemplo canônico é o tradicional churrasco.

No churrasco, a carne, geralmente de gado, é lentamente assada em churrasqueiras e leva poucos temperos para além do sal grosso. Cortes como picanha, costela e coração de galinha são muito apreciados. Uma bebida muito consumida como acompanhamento do churrasco é o chimarrão, feita a partir da infusão de erva-mate, sendo geralmente compartilhada entre amigos e familiares.

Além do churrasco bovino, a carne de porco é bastante difundida. Receitas como leitão à pururuca e o feijão tropeiro com torresmo são populares entre os nativos. Este, inclusive, envolve fritar a pele de porco até ela adquirir crocância, sendo, portanto, um petisco frequentemente apreciado.

Do Pampa gaúcho surgiu o típico arroz carreteiro, fabricado com carne seca ou charque, arroz, alho, cebola e temperos. Trata-se de uma refeição ao mesmo tempo saborosa e substancial.

Já os *galletos* são uma espécie de pão caseiro tradicional da região, servidos com manteiga, queijo, geleia, ou como acompanhamentos de outras receitas

Especialmente nas regiões mais urbanas do Rio Grande do Sul, a exemplo de Porto Alegre, os habitantes apreciam muito a feijoada. Como uma herança da influência africana, a versão gaúcha inclui ingredientes como feijão-preto, carne de porco e couve.

Também os imigrantes italianos deixaram suas contribuições na cozinha gaúcha. Massas como a sopa de *agnoline* (sopa com bolinhos de carne) e a polenta são tradicionais em muitas famílias.

Por sua vez, a doçaria produzida no Rio Grande do Sul inclui sobremesas como sagu com creme (um pudim de tapioca), ambrosia (um doce de ovos e leite) e cuca (bolo doce de origem alemã com *streusel*).

Como mencionado anteriormente, o estado contempla uma região vitivinícola muito importante do Brasil, na qual a Serra Gaúcha se destaca na produção e fabricação de vinhos e espumantes. Exemplos são as uvas Cabernet Sauvignon, Merlot e Chardonnay.

No litoral sul-rio-grandense, há uma variedade de peixes e frutos do mar frescos, os quais dão origem a preparações como moqueca de peixe, risoto de camarão e casquinha de siri.

Portanto, podemos perceber que os sabores marcantes da culinária do Rio Grande do Sul são reflexos das tradições locais e da diversidade cultural. Os gaúchos, como não poderia deixar de ser, têm orgulho de sua gastronomia e compartilham-na com entusiasmo, pois a comida é parte essencial de sua identidade cultural.

6.4 A cozinha catarinense

A culinária de Santa Catarina é tão diversificada quanto a geografia do estado, que comporta, ao mesmo tempo, litoral, serra, planície e regiões de colonização europeia. A influência de imigrantes alemães, italianos, portugueses e açorianos é evidente na gastronomia catarinense, observada na grande variedade de pratos tradicionais e sabores únicos.

Dada a extensa costa litorânea do estado, os frutos do mar são fundamentais na cozinha catarinense. Exemplos populares são a moqueca de peixe, os camarões à milanesa e os mariscos ao vinagrete.

As águas de Santa Catarina também fornecem inúmeras espécies de peixes de água doce, como tilápia e pintado, cujos preparos podem variar. Ademais, Santa Catarina é conhecida pela produção de ostras.

Em municípios como Florianópolis e Laguna, esses animais costumam ser apreciados crus, gratinados, empanados etc.

A influência açoriana é percebida em receitas como a caldeirada de peixe, o pirão de peixe e o ensopado de frutos do mar, todos fabricados com ingredientes locais e temperados com ervas e especiarias.

Por seu turno, a herança alemã está em preparações como o *eisbein* (joelho de porco), o chucrute (repolho fermentado) e as salsichas alemãs, servidas com mostarda e chucrute.

Em algumas regiões, como na Serra Catarinense, nativos e turistas podem desfrutar do famoso café colonial, uma verdadeira festa gastronômica que inclui pães, queijos, cucas, bolos, geleias e embutidos, acompanhados de café fresco.

A doçaria catarinense é farta e compreende sobremesas como a já mencionada cuca (bolo de massa fofa com recheio de frutas ou chocolate), o canudinho (doce de massa recheado) e o *pfelstrudel* (folhado de maçã).

A mistura de influências culturais, ingredientes frescos e tradições locais deu corpo à atual cozinha praticada em Santa Catarina, que simboliza a diversidade geográfica e étnica do estado, tornando-a uma parte essencial da identidade catarinense e uma experiência gastronômica única para quem a experimenta.

6.5 A cozinha paranaense

A culinária paranaense mescla características indígenas, europeias (principalmente polonesa, ucraniana, alemã e italiana) e africanas, dando origem a uma diversidade gastronômica ímpar. O Paraná dispõe de uma grande variedade de opções alimentares, de pratos típicos de origem rural a sofisticadas opções urbanas.

Sem dúvidas, um dos ingredientes mais icônicos e significativos da gastronomia paranaense é o pinhão. Originário da árvore da araucária, predominante na região, essa semente é bastante difundida na cultura culinária e na economia local.

Para que seja consumido, é necessário remover a casca dura e resistente do pinhão. Sua polpa interna apresenta sabor suave e textura amanteigada, traços que atribuem a essa iguaria um nível de apreciação sem igual na região.

Além disso, o pinhão exerce um significativo impacto na economia de algumas áreas rurais do Paraná. Sua colheita gera empregos temporários, movimenta o comércio local e, especialmente, simboliza uma tradição para muitas famílias e comunidades, que se reúnem em busca das sementes. Por essa razão, a preservação das araucárias e a colheita sustentável da semente são temas de suma importância. Tanto isso é verdade que existem regulamentações para garantir que a coleta do pinhão ocorra de modo responsável, preservando o ecossistema das araucárias.

O consumo da semente da araucária está enraizado na cultura do Paraná, pois o pinhão é frequentemente encontrado em festas juninas, eventos comunitários e celebrações locais. Ademais, não raro, o pinhão é comercializado em feiras e mercados, constituindo-se como importante fonte de renda para muitos agricultores.

Dos pratos típicos que fazem uso do pinhão, citamos os seguintes:

- **Pinhão cozido**: forma mais simples de preparar o pinhão, na qual as sementes são fervidas em água com sal até ficarem macias, sendo servidas como petisco.
- **Arroz carreteiro**: o pinhão é frequentemente adicionado ao arroz carreteiro, prato tradicional da Região Sul que leva carne, arroz e condimentos.
- **Sopa de pinhão**: o alimento também é utilizado na produção de uma deliciosa sopa que pode ser preparada com caldo de carne e temperos diversos.
- **Farofa de pinhão**: esse preparo envolve torrar e moer o pinhão, que dará origem a uma farofa saborosa para acompanhar diferentes receitas.

O barreado é uma iguaria extremamente difundida no Paraná. Originada no litoral do estado, é produzido com carne bovina (geralmente, carne de segunda, como músculo) e temperos como cebola, alho e cominho, sendo lentamente cozido em uma panela vedada com barro (de onde, inclusive, vem a denominação *barreado*). Com esse processo, a carne fica macia e saborosa, sendo tradicionalmente servida com arroz e banana e acompanhada de farinha de mandioca.

Outro prato característico da região é o carneiro no buraco, que leva carne de carneiro marinada em temperos especiais. Seu preparo envolve cozinhá-lo, coberto com terra, no buraco de uma fogueira, o que confere à carne um sabor particular.

A influência polonesa e ucraniana se revela em pratos como o *pierogi*, uma massa recheada com batata, carne ou queijo e geralmente servida com creme de leite.

Assim como nos outros dois estados sulistas, o churrasco é bastante significativo na cultura gastronômica paranaense. Cortes de carne bovina, suína e de frango são preparados na churrasqueira e servidos acompanhados de farofa, vinagrete e pão.

O leitão à pururuca é uma iguaria apreciada principalmente em festas e eventos especiais. Em seu preparo, o leitão é assado até que sua pele adquira crocância, o que cria uma combinação única de sabores e texturas.

Por sua vez, a influência italiana se evidencia nas massas frescas, como a macarronada com galinha, o tortei (uma espécie de ravioli) e o nhoque.

A culinária do Paraná inclui diversas sobremesas, como torta holandesa, sagu com creme e a tradicional ambrosia, um doce à base de leite, açúcar e gemas de ovos.

O Paraná conta com rios e lagos ricos em peixes de água doce, como dourado, surubim e pacu, frequentemente preparados na brasa, empanados ou cozidos em caldos.

Consumida em todo o estado, a erva-mate é uma bebida tradicional geralmente servida como chimarrão. Ela desempenha um papel importante na cultura e na convivência social.

A culinária do Paraná é uma celebração da diversidade cultural do estado, com pratos tradicionais que refletem a herança de diferentes grupos étnicos. Ela é apreciada tanto nas áreas rurais quanto nas cidades, tornando-a uma parte essencial da identidade paranaense.

Síntese

Neste capítulo, destacamos que a cozinha da Região Sul é fortemente marcada pela presença de pratos à base de carnes, embutidos e grãos, a exemplo do churrasco e do barreado, bem como por sobremesas e bebidas típicas, como o chimarrão (feito com erva-mate local) e alguns vinhos.

Para saber mais

DÓRIA, C. A. **Formação da culinária brasileira**: escritos sobre a cozinha inzoneira. São Paulo: Fósforo, 2021.

Neste livro, Carlos Alberto Dória oferece uma análise erudita, mas bastante acessível, sobre o que constitui a culinária brasileira e suas bases histórico-sociais. O autor traça a trajetória da cozinha brasileira desde os tempos coloniais até os dias atuais, revelando uma história surpreendente do Brasil à mesa por meio de ensaios que proporcionam uma nova perspectiva a respeito de ingredientes, técnicas gastronômicas e processos sociais que moldaram algumas receitas nacionais e, com efeito, nossos hábitos alimentares.

Questões para revisão

1. Qual é um dos pratos mais emblemáticos da culinária da região Sul do Brasil, frequentemente servido em almoços em família e acompanhado de arroz, farofa e maionese?
   a) Churrasco.
   b) Barreado.
   c) Feijoada.
   d) Sagu.

2. Qual é o doce à base de ovos e coco que corresponde a uma das sobremesas mais conhecidas da culinária sulista?
   a) Sagu.
   b) Quindim.
   c) Ambrosia.
   d) Cuca.

3. Qual bebida é tradicionalmente preparada com erva-mate e consumida na Região Sul do Brasil em uma cuia com bomba?
   a) Café.
   b) Chá de camomila.
   c) Chimarrão.
   d) Suco de laranja.

4. A influência de diferentes grupos étnicos na cozinha da Região Sul do Brasil é evidente. Explique em que medida a chegada de imigrantes europeus, como alemães, italianos e poloneses, contribuiu para a diversificação da culinária sulista, mencionando pratos específicos e ingredientes que foram introduzidos ou adaptados.

5. Além de insumos e pratos típicos, a cozinha de uma região muitas vezes reflete aspectos culturais e sociais da população local, a exemplo do chimarrão na Região Sul. Explique como essa bebida tradicional está enraizada na cultura gaúcha e como ela é compartilhada entre amigos e familiares. Por fim, descreva o processo de preparo do chimarrão.

Questões para reflexão
1. Como a culinária de uma região pode refletir sua história, sua cultura e sua diversidade étnica? Quais são alguns exemplos de pratos e ingredientes que demonstram essa conexão na região Sul do Brasil?
2. Qual é o papel da comida e das tradições culinárias na formação da identidade cultural de uma comunidade ou região? Como a culinária pode ser uma ferramenta para preservar e transmitir heranças culturais?

Capítulo 7

Receitas da cozinha regional brasileira

Conteúdos do capítulo
- Receitas típicas das cinco regiões do Brasil.

Após o estudo deste capítulo, você será capaz de:
1. preparar receitas originárias das cinco regiões brasileiras: Norte, Nordeste, Centro-Oeste, Sudeste e Sul.

7.1 Receitas da Região Norte

Pato no tucupi

Típico da culinária paraense, o pato no tucupi é bastante apreciado na Região Norte do Brasil, especialmente no Pará. O principal elemento é o tucupi, líquido amarelo extraído da mandioca brava, que promove uma acidez bem pronunciada ao preparo.

Pato no tucupi

Paulo Vilela/Shutterstock

Ingredientes
- 5 coxas com sobrecoxas de pato
- 1 cabeça de alho
- 2 litros de tucupi
- 5 pimentas-de-cheiro
- ½ pimenta dedo-de-moça
- 2 maços de jambu
- 1 cebola
- Azeite a gosto
- 300 mL de vinho branco
- 1 maço de chicória
- 1 maço de alfavaca
- Sal e pimenta-do-reino a gosto

Modo de preparo

Em um recipiente, prepare o tempero do pato, coloque os dentes de alho amassados, sal, pimenta-do-reino, vinho branco e metade da pimenta dedo-de-moça e deixe marinar por 30 minutos. Em uma panela, adicione o azeite e doure o pato; em paralelo, coloque para ferver 1 L de tucupi com duas pimentas-de-cheiro. Depois de dourar o pato, retire e reserve. Em seguida, doure a cebola no fundo da mesma panela e adicione o líquido da marinada. Acrescente o restante das pimentas-de-cheiro em cubos, retorne o pato à panela e verta o restante do tucupi. Deixe cozinhar até ficar macio – se necessário, utilize uma panela de pressão. Escalde o jambu em água fervente e, depois, faça o branqueamento das folhas. Sirva o preparo aquecendo muito bem o caldo, adicionando a chicória e o alfavaca no final. Acrescente o pato e o jambu e sirva em seguida.

Tacacá

Transmitido por gerações, o tacacá é especialmente popular no Pará e no Amazonas, sendo muito presente na cultura e na tradição desses estados.

Tacacá

Arthur Matsuo/Shutterstock

Ingredientes

- 2 litros de tucupi
- 1 colher (chá) de sal
- 4 folhas de chicória
- 3 pimentas-de-cheiro
- ½ xícara de goma de mandioca
- 500 g de camarão seco salgado
- 4 dentes de alho
- 2 maços de jambu
- 1 pedaço de coentrão

Modo de preparo

Coloque o tucupi em uma panela com o alho bem amassado, o sal, a chicória e as pimentas e, em seguida, leve ao fogo. Quando começar a ferver, abaixe o fogo, tampe a panela e deixe cozinhar por 30 minutos, aproximadamente. Simultaneamente, em outra panela, cozinhe o jambu até ficar macio. Retire do fogo, escorra e reserve. Lave bem os camarões e leve-os ao fogo em uma panela com 4 xícaras de água. Deixe ferver por aproximadamente 5 minutos. Retire a cabeça e a casca dos camarões. Em outra panela, misture o polvilho com a água dos camarões, leve ao fogo e mexa até obter um mingau. Sirva em uma cuia com uma concha de tucupi, um pouco do mingau, algumas folhas de jambu e os camarões.

Maniçoba

Tradicional da culinária paraense, a maniçoba é uma receita preparada com folhas de mandioca brava cozidas por vários dias, carne de porco, defumados e temperos. Seu longo processo de preparo se justifica pelo tempo necessário para cozinhar as folhas de mandioca e garantir a retirada do ácido cianídrico, pois isso é necessário para que se tornem seguras para o consumo.

Maniçoba

Ingredientes
- 1 kg de folhas de mandioca brava
- 800 g de carme de porco (pé, orelha, costela)
- 500 g de carme seca
- 200 g de bacon
- 200 g de linguiça defumada
- 200 g de paio
- 2 cebolas
- 6 dentes de alho
- Cheiro-verde a gosto
- Sal a gosto
- Pimenta-de-cheiro a gosto
- Água

Modo de preparo
Lave muito bem as folhas de mandioca em água corrente. Corte-as e coloque-as de molho por, no mínimo, sete dias, trocando a água diariamente para eliminar o ácido cianídrico. Em uma panela grande, cozinhe as folhas de mandioca por cerca de 24 horas, trocando a água a cada

6 horas. Em outra panela, cozinhe as carnes (porco, carne seca, bacon, linguiça, paio e toucinho) por aproximadamente 3 horas ou até que estejam macias. Retire as carnes do caldo, desfie e reserve. Na panela na qual as carnes foram cozidas, adicione as folhas de mandioca já pré-cozidas, coloque as carnes desfiadas, além de cebola, alho, cheiro-verde, pimenta-de-cheiro, e deixe cozinhar por mais 8 horas, mexendo de vez em quando. Acrescente água aos poucos para manter o cozimento. Corrija o sal se necessário.

Fonte: Elaborado com base em Redação Paladar, 2024b.

Pirarucu de casaca

Outro prato típico do Norte do Brasil é o pirarucu de casaca, especialmente presente no Pará e na Amazônia. Sua origem está vinculada à culinária amazônica e ao aproveitamento do peixe pirarucu, um dos maiores peixes de água doce do mundo.

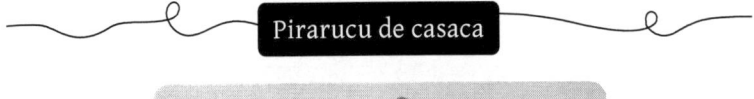

Pirarucu de casaca

lhmfoto/Shutterstock

Ingredientes

- 1,5 kg de pirarucu salgado
- 400 g de farinha d'água
- 400 mL de leite de coco
- 5 bananas da terra fatiadas
- 200 mL de azeite virgem
- 2 cebolas em rodelas
- 5 tomates maduros
- 5 pimentas-de-cheiro em *brunoise*
- ½ maço de cheiro-verde picado
- 2 pimentões vermelhos em rodelas
- 200 g de ameixa preta sem caroço
- 150 g de batata palha

Modo de preparo

Dessalgue o pirarucu de véspera, pré-cozinhe e desfaça em lascas grandes. Hidrate a farinha no leite de coco. Frite as bananas e reserve. Salteie o pirarucu com as cebolas, os tomates, a pimenta, o pimentão e o cheiro-verde e reserve. Monte em camadas em uma travessa, na seguinte ordem: farinha, pirarucu refogado, banana frita, ameixa e batata palha, e repita o procedimento.

Dica: O pirarucu pode ser substituído por partes menos nobres do bacalhau ou por outros peixes grandes de água doce.

Bolo de tapioca

Embora esteja presente em diversas regiões do Brasil, o bolo de tapioca é uma sobremesa muito apreciada no Norte, especialmente no Pará e em outras regiões amazônicas. Sua origem tem relação com a cultura indígena e com o aproveitamento da mandioca, raiz abundante no local.

Ingredientes

- 400 g de tapioca granulada
- 400 g de açúcar refinado
- 1 litro de leite integral
- 200 mL de leite de coco
- 5 colheres (sopa) de amido de milho
- 1 colher (chá) de sal
- 1 colher (sopa) de fermento químico
- 1 colher (sopa) de manteiga
- 3 ovos

Modo de preparo

Separe um recipiente e misture o leite e a tapioca. Deixe hidratar por 1 hora com o recipiente coberto com um pano. Agora bata os outros ingredientes no liquidificador, com exceção do fermento. Adicione os ingredientes batidos na tapioca hidratada e misture. Adicione, então, o fermento e misture novamente. Preaqueça o forno a 180 °C. Unte uma forma com manteiga e despeje a massa na mesma. Leve para assar até ficar dourado. Leva em média 45 minutos.

Fonte: Elaborado com base em Casa e Culinária, 2023.

Caruru

Para quem gosta de quiabo, esta receita é muito tradicional e mistura origens indígenas e africanas.

Caruru

Julia-Bogdanova/Shutterstock

Ingredientes

- 600 g de quiabo
- 1 cebola
- ¼ de xícara de camarão seco descascado
- ¼ de xícara de castanha de caju torrada

- 1 xícara de amendoim sem casca
- 1 e ½ xícaras de água
- 2 colheres (sopa) de gengibre ralado
- 2 colheres (sopa) de azeite de dendê
- Sal a gosto

Modo de preparo

Em uma tigela grande, coloque o quiabo e cubra com água e 1 colher de (sopa) de vinagre. Deixe de molho por 10 minutos, retire o quiabo e espalhe sobre um pano de prato limpo para secar. Enquanto isso, descasque e pique fino a cebola. Em uma tábua, corte e dispense o topo do quiabo. No sentido do comprimento, corte o legume em quatro partes; mantenha as partes juntas e fatie. Leve uma panela ao fogo médio. Quando aquecer, junte o azeite de dendê e refogue a cebola por 5 minutos. Coloque os cubinhos de quiabo, tempere com sal e refogue por 15 minutos, mexendo de vez em quando. Enquanto isso, no liquidificador, bata o camarão seco com o amendoim, a castanha e ½ xícara (chá) de água, até formar uma pasta. Depois dos 15 minutos, junte ao quiabo a pasta de camarão, o gengibre ralado, o restante da água e misture bem. Abaixe o fogo, tampe a panela e deixe cozinhar por mais 30 minutos, mexendo sempre para não queimar. Verifique o sabor e, se necessário, ajuste o sal. Sirva bem quente.

Fonte: Elaborado com base em Panelinha, 2024b.

Vatapá baiano

Principalmente vinculado às regiões Norte e Nordeste, o vatapá é um prato especial cuja origem remonta à influência da culinária dos povos africanos escravizados durante o período colonial.

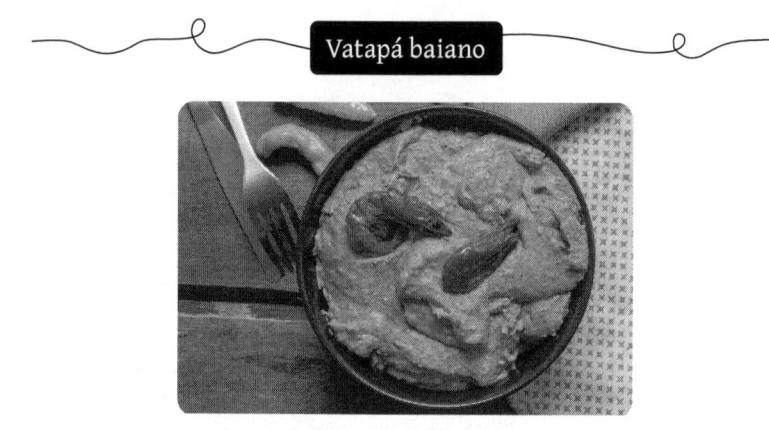

Vatapá baiano

Jonas Eduardo Santana/Shutterstock

Ingredientes para o caldo
- 1 cabeça de peixe, como de namorado
- 1 xícara de água
- 2 cebolas
- 3 dentes de alho
- 2 tomates
- 1 maço de coentro
- Suco de 1 limão
- 2 pimentas-de-cheiro
- ¼ de colher (chá) de cominho em pó
- 1 pitada de sal

Modo de preparo do caldo de peixe

Descasque e pique grosseiramente as cebolas e os dentes de alho. Lave, seque e corte os tomates em quatro partes. Lave e seque o maço de coentro, retire as folhas e descarte os talos. Meça 1 xícara (chá) de folhas, pressionando bem. No liquidificador, junte a cebola, o alho, o tomate, o coentro, o caldo do limão e tempere com sal e cominho. Regue com a água e bata apenas para triturar os ingredientes grosseiramente. Em uma panela, coloque a cabeça do peixe, as pimentas-de-cheiro inteiras e regue com a marinada. Leve ao fogo médio e, quando começar a borbulhar, tampe a panela e baixe o fogo. Deixe cozinhar por 20 minutos. Desligue o fogo e passe o caldo pela peneira. Reserve. Coloque a cabeça do peixe sobre uma tábua e, com um garfo, retire toda a carne. No liquidificador, bata a carne com o caldo. Transfira para uma tigela, cubra com filme e leve à geladeira.

Ingredientes para o vatapá
- 500 g de pão amanhecido
- 2 xícaras de água
- 1 cebola
- 1 colher (sopa) de gengibre ralado
- 1 xícara (chá) de camarão seco sem casca
- ¾ de xícara de amendoim cru e sem pele
- 1 xícara de castanha de caju torrada
- 360 mL de leite de coco
- ¾ de xícara de dendê
- Sal a gosto

Modo de preparo
Em uma tábua, corte os pães em fatias. Transfira-os para uma tigela grande e regue com as 2 xícaras (chá) de água. Enquanto isso, descasque e pique a cebola em fatias bem finas. Depois, descasque e rale o gengibre e reserve. No processador de alimentos ou liquidificador, triture metade do camarão seco e transfira para uma tigela. No mesmo processador de alimentos ou liquidificador (não precisa limpá-lo depois de processar o camarão), bata o amendoim e a castanha de caju com 1 xícara (chá) de

leite de coco. Transfira para outro recipiente. No processador de alimentos ou liquidificador (ainda não precisa lavar), coloque o pão amolecido (quanto for possível, mas sem lotar a jarra) e bata até formar uma papa lisa. Transfira para um recipiente e repita o procedimento com o restante do pão. Na sequência, em uma panela grande, leve o azeite de dendê ao fogo médio. Quando aquecer, refogue a cebola e o camarão seco triturado, mexendo sempre. Assim que a cebola murchar – cerca de 5 minutos –, junte a papa de pão e misture bem. Adicione à panela a pasta de castanhas, o camarão seco inteiro (reserve alguns para decorar), o gengibre ralado, o caldo de peixe e o restante do leite de coco. Continue mexendo, até a mistura começar a se soltar do fundo da panela. Caso passe do ponto, regue com um pouco de água fervente. Verifique o sabor e, se necessário, acerte o sal. Transfira para o recipiente no qual o vatapá será levado à mesa, regue com 1 colher (sopa) de azeite de dendê e decore com algumas folhas de coentro e três ou quatro camarões. Sirva com arroz e farofa.

Fonte: Elaborado com base em Panelinha, 2024e.

Tambaqui assado com risoto de castanha-do-pará e azedinha

Nesta preparação, você verá que, através da criatividade, podemos nos aventurar em uma cozinha tradicional promovendo inovações, unindo regionalidade e sazonalidade.

Tambaqui assado

Adilson Sochodolak/Shutterstock

Ingredientes
- 2 postas de tambaqui
- 30 g de farinha de rosca
- 1 maço de manjericão picado
- 100 mL de azeite de oliva
- 100 g de arroz arbório
- 50 g de manteiga
- 50 g de queijo parmesão ralado
- 200 mL de caldo de peixe
- 50 mL de vinho branco
- 60 g de cebola picada
- 50 mL de leite de coco
- 20 g de *curry*
- Folhas de azedinha a gosto
- Sal a gosto
- Pimenta-do-reino a gosto

Modo de preparo
Coloque o tambaqui para grelhar. Misture a farinha de rosca com o manjericão picado e uma colher de manteiga derretida. Em seguida, coloque essa mistura em cima do peixe e deixe no forno, preaquecido, por 10 minutos. Refogue a cebola em azeite quente, acrescente o arroz arbório, o vinho branco e o caldo de peixe. Inclua ainda o queijo parmesão e a castanha-do-pará. Finalize com a manteiga, sal e pimenta-do-reino. Por fim, misture o leite de coco com o *curry* e o caldo de peixe. Acrescente as folhas de azedinha. Tempere com sal e pimenta e sirva com o peixe.
Fonte: Elaborado com base em Tambaqui..., 2024.

7.2 Receitas da Região Nordeste

Acarajé
Criado na Bahia, o acarajé é um prato típico da culinária afro-brasileira. Sua história remonta ao período colonial, época em que, em razão do tráfico de escravos, o país recebeu grande influência da cultura africana. O acarajé ocupa um papel central na culinária baiana e na preservação das tradições culturais afro-brasileiras.

Acarajé

Ingredientes
- 1 kg de feijão-fradinho quebrado e sem casca
- 300 g de cebola
- 1 colher (sobremesa) de sal
- 2 litros de azeite de dendê

Modo de preparo
Coloque o feijão-fradinho em um recipiente com água e deixe de molho por, pelo menos, 12 horas. Após esse período, escorra o feijão em uma peneira e reserve. No processador, bata o feijão até que se transforme em uma massa homogênea. No liquidificador, bata as cebolas. Coloque a massa processada em uma panela, acrescente a cebola batida, o sal e, com a ajuda de uma colher de pau, bata a massa até que dobre de volume. Leve uma panela média com azeite de dendê ao fogo. Espere que esquente em fogo alto. Usando uma colher de pau grande e outra de inóx, modele os bolinhos de acarajé. Solte um a um na panela, com cuidado, e frite em azeite de dendê bem quente, até que fiquem dourados uniformemente. Retire com uma escumadeira e coloque sobre papel-toalha para absorver o excesso de dendê.

Dicas da Chef Ieda: É possível comprar o feijão-fradinho já quebrado em casas especializadas em produtos nordestinos. O processo também pode ser feito em casa. Para tanto, na véspera do preparo, coloque os grãos em molho. No dia seguinte, retire a pele e o olho do feijão, batendo com uma colher de pau e retirando as peles que boiam na água. Outra maneira é colocar o feijão-fradinho no liquidificador e ligar na função "pulsar" para quebrar as películas. Na sequência, coloque em uma vasilha com água e retire as casas e olhos com ajuda de uma peneira. Ao colocar os acarajés para fritar no azeite de dendê, os bolinhos devem boiar e não podem afundar. Essa é a prova de que a massa batida com a colher de pau alcançou o ponto certo. Adicionar uma cebola com casca no azeite que será usado para fritar o acarajé evita o cheiro de óleo queimado. A quantidade de azeite na panela deve ser suficiente para os acarajés não encostarem no fundo da panela.

Fonte: Elaborado com base em Matos, 2024.

Moqueca de camarão

A moqueca é um prato que agrada grande parte de quem a consome. Com sabores que vão da suavidade do camarão até a potência do dendê, ela traz a personalidade forte da cozinha baiana. Pode ser acompanhada por arroz branco, arroz de coco e uma farofa de banana-da-terra.

Moqueca de camarão

Ingredientes

- 1 kg de camarão grande e limpo
- 4 colheres (sopa) de azeite de oliva
- Suco de 2 limões
- 2 dentes de alho
- Sal e pimenta-do-reino a gosto
- 1 xícara de leite de coco natural
- 2 cebolas em rodelas médias
- 2 tomates em rodelas
- 2 colheres (sopa) de azeite de dendê
- 1 maço de coentro picado
- 1 pimentão vermelho sem sementes
- 1 pimenta doce
- 1 pimenta-de-cheiro

Modo de preparo

Amasse o alho com sal, a pimenta-do-reino e o suco de limão. Tempere o camarão. Leve ao fogo e deixe pegando tempero por 30 minutos. No fundo de um prato fundo de barro, coloque duas rodelas grandes de cebola e em seguida coloque os camarões que ficaram macerando. Adicione os anéis de cebola, o pimentão, os tomates e, no centro, coloque as pimentas. Espalhe o coentro por cima e regue com azeite doce e sal. Leve ao fogo com a panela tampada por 15 minutos. Acrescente o leite de coco, o azeite doce e deixe no fogo até começar a ferver. Depois é só servir.

Fonte: Elaborado com base em Rede Bahia, 2024.

Carne de sol

A carne de sol tornou-se referência na culinária nordestina, frequentemente servida com aipim ou como proteína de outros pratos principais. A receita que apresentamos a seguir é mais simplificada, pois não exige secagem ao sol ou outras técnicas mais apuradas.

Carne de sol

WS-Studio/Shutterstock

Ingredientes
- 1,5 kg de miolo de alcatra
- 3 colheres (sopa) de flor de sal ou sal grosso
- 1 colher (sopa) de açúcar mascavo
- Manteiga de garrafa a gosto

Modo de preparo
Em uma tigela pequena, misture o sal com o açúcar mascavo (caso esteja utilizando o sal grosso, bata no pilão para quebrar em pedaços menores). Corte a carne em 4 pedaços grandes (de cerca de 15 cm × 4 cm) e seque bem com um pano de prato (ou papel toalha). Coloque os pedaços em uma tigela e polvilhe com a mistura de açúcar e sal, espalhando bem com as mãos para cobrir toda a superfície. Tampe a tigela (ou cubra com filme) e mantenha na geladeira por dois dias. Passado o primeiro dia, abra a tigela, escorra o líquido que tiver formado e vire os pedaços de carne. Feche novamente e volte para a geladeira – nesse tempo a carne vai concentrar os sabores e perder parte da umidade, ela também vai mudar de cor, do tom vermelho vivo para um marrom mais escuro. Após o segundo dia, transfira a carne para uma assadeira e deixe descoberta na geladeira por mais 1 dia – essa etapa deixa a superfície da carne mais seca. Passado o tempo da cura, retire a carne da geladeira e corte cada pedaço ao meio – no total você vai ter 8 porções. Nesse formato mais quadrado e alto, a carne vai ficar vermelhinha no centro. Se preferir um bife mais fino, você pode fazer um corte ao meio de cada peça, sem chegar até o fim, como se estivesse abrindo um livro. Pressione delicadamente com a mão para nivelar. Leve uma frigideira grande ao fogo médio. Quando estiver bem quente coloque quantos pedaços de carne couberem, um ao lado do outro e deixe dourar sem mexer por cerca de 1 minuto – não precisa colocar azeite, a carne vai ficar com uma casquinha dourada e soltar da frigideira. Vire os pedaços com uma espátula para dourar a carne de todos os lados. Transfira os pedaços dourados para um prato e repita com o restante. Depois que todos tiverem sido dourados, deixe os pedaços descansarem por alguns minutinhos enquanto você lava a frigideira – esse tempo de descanso da carne é importante para a carne ficar macia e suculenta. Volte a frigideira ao fogo médio para aquecer. Regue com ¼ de xícara (chá) de manteiga de garrafa e volte quantos pedaços de carne couberem na frigideira novamente. Com uma colher, vá regando a carne com a manteiga quente por 4 minutos até aquecer

o interior e dourar a superfície. Transfira os pedaços para a tábua e repita com o restante. Deixe a carne descansar novamente por 4 minutos antes de fatiar para servir. A carne de sol fica uma delícia servida com cuscuz de milho e pimenta biquinho.

Fonte: Panelinha, 2024a.

Mungunzá doce

A receita do mungunzá (ou canjica de milho branco, como é conhecida em alguns estados brasileiros) passou por adaptações no decorrer do tempo, muito por conta da miscigenação cultural.

Em geral, a preparação leva milho branco, cozido com água, açúcar, leite de coco e, por vezes, temperos como canela, mas também há opções salgadas, acompanhadas de proteína suína por exemplo.

Mungunzá doce

Juliana Verly/Shutterstock

Ingredientes
- 500 g de milho para mungunzá ou canjica
- 100 g de coco ralado fresco
- 400 g de açúcar refinado
- 400 mL de de coco
- 1 litro integral
- 1 canela em rama
- 4 cravos
- Canela em pó a gosto

Modo de preparo
Comece hidratando o milho em água durante a noite, para que fique bem macio e seja mais fácil e rápido preparar a sobremesa. Após o tempo indicado, enxague o milho e escorra. Cozinhe o milho de mungunzá na panela de pressão com 2 litros de água filtrada, os cravinhos e o pau de canela durante 45 minutos após pegar pressão. Você também pode preparar o mungunzá na panela comum, mas, nesse caso, serão necessários mais tempo e água. Depois, escorra a água do cozimento da canjica e, na panela, junte o leite, o leite de coco, o coco e o açúcar. Leve de novo ao fogo, mexendo de vez em quando, até engrossar – poderá demorar cerca de 30 minutos para que o caldinho do mungunzá fique bem cremoso. Quando o mungunzá começar a engrossar, não pare de mexer, para evitar que queime no fundo da panela. Após o passo anterior, seu mungunzá tradicional estará pronto! Sirva morno ou frio, polvilhado com canela, e delicie-se com essa sobremesa de milho (se preferir um mungunzá mais aguado, ou seja, com maior consistência, adicione mais leite comum ou leite de coco enquanto o doce ainda estiver ao fogo).
Fonte: Elaborado com base em Mungunzá..., 2024.

Cuscuz nordestino

Cuscuz nordestino

Ingredientes

- 1 e ½ xícaras de milho flocada
- ½ colher (chá) de sal
- ¾ de xícara de água
- 2 colheres (sopa) de manteiga

Modo de preparo

Em uma tigela, misture a farinha de milho com o sal. Regue com a água aos poucos, mexendo com uma colher para umedecer a farinha – a textura deve ficar como a de areia molhada, bem úmida. Deixe hidratar por 10 minutos – assim os flocos ficam mais macios ao cozinhar no vapor. Preencha o fundo da cuscuzeira com água e encaixe o cesto de vapor na panela. Transfira a farinha de milho hidratada para o cesto, sem compactar. Tampe e leve para cozinhar em fogo alto. Assim que começar a ferver, vai sair um leve vapor pela lateral da tampa. Abaixe o fogo e deixe cozinhar por mais 10 minutos até o cuscuz ficar bem macio. Verifique ao abrir a tampa: o cuscuz deve estar inflado macio ao toque. Desligue o

fogo e, com cuidado para não se queimar ou virar o cesto, puxe a haste central para desenformar cuscuz. Transfira para uma tigela e desfaça o cuscuz em pedaços com um garfo. Em uma tigela pequena, misture a manteiga com ¼ de xícara (chá) da água fervente da cuscuzeira. Mexa com uma colher até derreter pelo menos a metade da manteiga – ela termina de derreter com o calor do cuscuz. Regue a água com manteiga sobre o cuscuz e misture com o garfo – a água com manteiga deixa o cuscuz mais úmido e saboroso. Sirva a seguir.
Fonte: Elaborado com base em Cuscuz, 2024.

Baião de dois

Típico do Nordeste do Brasil, o baião de dois é uma mistura de arroz e feijão-de-corda e que conta com ingredientes regionais que conferem à receita uma combinação muito especial.

Além do arroz e do feijão, leva carne seca, queijo coalho, coentro e, em algumas variações, pode incluir ingredientes como aipim ou milho, que fazem parte da identidade brasileira.

Baião de dois

flanovais/Shutterstock

Ingredientes

- 5 pimentas-de-cheiro
- 2 xícaras de arroz cozido
- 250 g de carne seca desfiada
- 200 g de queijo coalho em cubos
- 1 cebola roxa picada
- 1 litro de água
- 4 dentes de alho
- 2 colheres (sopa) de azeite
- 3 colheres (sopa) de manteiga de garrafa
- Coentro a gosto
- Sal a gosto
- Pimenta-do-reino a gosto
- Cebolinha verde a gosto

Modo de preparo

Cozinhe o feijão fradinho em 1 litro de água. Acrescente o sal a gosto. Deixe cozinhar por 10 minutos depois que pegar pressão. Separe o arroz. Reserve. Pique as pimentas-de-cheiro e reserve. Coloque o azeite e a manteiga em uma panela. Refogue a cebola e o alho. Junte com a carne seca desfiada e as pimentas. Acrescente uma pitada de pimenta do reino. Misture bem com o feijão já cozido e o arroz. Dê uma rápida grelhada no queijo coalho em cubos e acrescente no prato. Finalize com coentro e cheiro-verde a gosto.

Fonte: Elaborado com base em Redação Paladar, 2024a.

Sarapatel

O sarapatel é um prato apreciado principalmente na Bahia. Originário de práticas culinárias portuguesas e africanas, ele reflete a miscigenação cultural do país. É conhecido por sua preparação, que leva partes menos nobres do porco, tais como fígado, coração, língua e sangue coagulado, e seu sabor é bem marcante.

Sarapatel

Fanfo/Shutterstock

Ingredientes
- 500 g de miúdos de porco (fígado, bofe, língua, goela e coração)
- Limão a gosto
- 4 tomates picados sem sementes
- 1 pimentão vermelho picado
- 1 pimentão verde picado
- 1 pimentão amarelo picado
- 5 dentes de alho picados
- 1 maço de cheiro-verde picado
- Coentro a gosto
- Hortelã a gosto
- 2 colheres (chá) de pimenta-do-reino

- 2 colheres (sopa) de colorau
- Sal a gosto
- ½ xícara de óleo de soja
- ¼ de xícara de vinagre
- 4 pimentas-de-cheiro

Modo de preparo
Leve os miúdos de porco ao fogo com bastante água, suco de limão e limões cortados ao meio. Espere ferver, troque a água e ferva novamente. Pique os miúdos e reserve. Em uma vasilha, acrescente os tomates, os pimentões, as cebolas, o alho, cheiro-verde, coentro e hortelã. Reserve. Em uma panela, acrescente os miúdos picados e todos os outros ingredientes. Refogue por 5 minutos e acrescente 1 litro de água. Cozinhe por mais 2 horas até que os miúdos fiquem bem macios.
Fonte: Elaborado com base em Como fazer..., 2024.

Arroz Maria Isabel
O arroz Maria Isabel é um prato tradicional da culinária nordestina, especialmente popular no Piauí. Feito com arroz cozido e carne de sol ou carne seca desfiada, é simples e saboroso, destacando-se pela riqueza dos ingredientes regionais. É servido acompanhado de farofa, feijão-verde ou vinagrete.

Arroz Maria Isabel

Ingredientes
- 1 colher (sopa) de óleo de soja
- 200 g de carne de sol dessalgada, cozida e em pedaços
- 2 dentes de alho picados
- ½ cebola picada
- 2 colheres (sopa) de pimentão verde picado
- ½ colher (sopa) de colorau em pó
- 1 pimenta-de-cheiro picada
- 1 e ½ xícaras de arroz parboilizado
- 1 folha de louro
- Sal a gosto
- 3 e ½ xícaras de água quente
- 1 colher (sopa) de cheiro-verde
- Pimenta-do-reino a gosto

Modo de preparo
Em uma panela, aqueça em fogo médio o óleo e frite a carne até dourar. Junte o alho, a cebola, o pimentão, o colorau, a pimenta-de-cheiro e refogue por alguns minutos. Acrescente o arroz, o louro, o sal, a água fervente

e, com a panela parcialmente tampada, cozinhe por 15 a 20 minutos ou até o líquido secar e o arroz ficar cozido. Tampe a panela e reserve por 5 minutos. Acrescente o cheiro-verde e sirva em seguida.

Fonte: Elaborado com base em Camil, 2024.

Cartola

A cartola é muito popular em Pernambuco e na Paraíba. Sua preparação é simples e envolve uma tradicional combinação entre banana caramelizada e queijo coalho. De sabor agridoce, normalmente é servida quente e polvilhada com canela.

Cartola

WS-Studio/Shutterstock

Ingredientes
- 2 fatias grossas de queijo coalho
- 2 bananas nanicas
- 2 colheres (sopa) de açúcar
- 2 colheres (sopa) de manteiga de garrafa
- Manteiga para untar
- Canela em pó a gosto

Modo de preparo
Sele o queijo coalho em uma frigideira com manteiga de garrafa. Corte a banana ao meio e leve a frigideira polvilhando o açúcar até caramelizar. Monte uma camada de queijo e uma de banana, repetir e polvilhar canela em pó. Sirva ainda quente.

Fonte: Elaborado com base em Comida na Mesa, 2024.

7.3 Receitas da Região Centro-Oeste

Arroz com pequi
O arroz com pequi é um prato emblemático da culinária do Centro-Oeste, especialmente em Goiás. Feito com o fruto do pequi, que tem um sabor forte e aromático, combina arroz cozido com pedaços dessa fruta nativa do Cerrado.

Arroz com pequi

Ingredientes

- 1 xícara (chá) de soja
- 2 xícaras (chá) de pequi
- 2 dentes de alho picado
- 1 cebola
- 1 tablete de caldo de galinha ou 6 xícaras de caldo natural
- 6 xícaras (se for utilizar o tablete) de água quente
- Sal a gosto
- Pimenta-do-reino a gosto
- 2 colheres (sopa) de cebolinha picada

Modo de preparo

Em uma panela, aqueça o óleo e frite levemente o pequi. Em seguida, acrescente o alho e a cebola, mexendo sempre, para não queimar. Quando estiverem dourados, adicione o arroz e o caldo de galinha e refogue por alguns minutos. Por último, cubra todos os ingredientes com água quente. Acerte o sal e cozinhe até que o arroz fique macio. Salpique com pimenta do reino e a cebolinha e sirva.

Fonte: Elaborado com base em Cozinha..., 2009a.

Empadão goiano

O empadão goiano é típico da culinária goiana. Sua base consiste em uma massa crocante e amanteigada, recheada com vários ingredientes, como frango desfiado, linguiça, queijo, entre outros, além de levar temperos regionais.

Empadão goiano

Vanira Arnaud Estudio/Shutterstock

Ingredientes para a massa
- 4 xícaras (chá) de farinha de trigo
- 3 ovos
- ½ xícara de chá de óleo
- Sal a gosto
- 1 colher (chá) de fermento químico em pó

Ingredientes para o recheio
- ½ xícara (chá) de óleo
- 2 xícaras (chá) de frango cozido e desfiado
- 1 xícara (chá) de linguiça frita e cortada em rodelas
- 1 xícara (chá) de lombo de porco cortado em cubos
- 3 dentes de alho picados

- 1 cebola picada
- 1 colher (sopa) de açafrão-da-terra
- 2 colheres (sopa) de extrato de tomate
- 1 xícara (chá) de água
- Sal a gosto
- Pimenta-do-reino a gosto
- 2 colheres (sopa) de amido de milho dissolvido em água
- ½ xícara de guariroba picada
- 10 azeitonas sem caroço
- ½ xícara de queijo minas em cubos

Modo de preparo

Faça a massa: bata todos os ingredientes até formar uma massa homogênea. Deixe descansar por 30 minutos. Abra a massa, divida em dois e forre uma forma de 25cm de diâmetro com metade da massa. Reserve. Faça o recheio: em uma panela, aqueça o óleo e frite o frango até ficar dourado. Retire da panela e reserve. Faça o mesmo com a linguiça e o lombo, fritando-os separadamente. Reserve. Retire o excesso de óleo da panela e frite o alho e a cebola. Adicione açafrão e o extrato de tomate. Misture bem e acrescente água. Acerte o sal e a pimenta. Quando ferver, junte o amido de milho dissolvido e mexa até engrossar o molho. Acrescente a guariroba e as azeitonas. Cozinhe por cinco minutos e desligue o fogo. Coloque o recheio sobre a massa. Adicione os cubos de queijo e cubra com a metade da massa. Leve ao forno, preaquecido a 200 °C, por 30 minutos. Sirva em seguida.

Fonte: Elaborado com base em Cozinha..., 2009a.

Caldo de piranha

A piranha é um peixe em abundância na Região Centro-Oeste. Sua carne branca e sua textura bastante firme são características ideais para o preparo de ensopados, tal como o caldo de piranha que apresentamos a seguir.

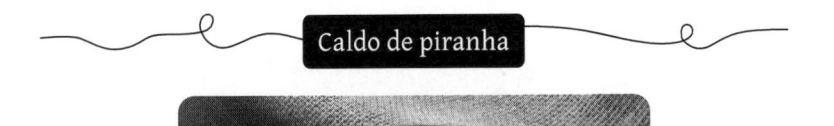

Caldo de piranha

Paulo Vilela/Shutterstock

Ingredientes
- 2 kg de piranha
- 3 dentes de alho
- 1 cebola picada
- 2 tomates sem pele e sem semente picados
- 1 pimentão vermelho em tiras
- 1 colher (sopa) de cebolinha verde picada
- 2 colheres (sopa) de coentro picado
- 3 colheres (sopa) de suco de limão
- 1 colher (sopa) de vinagre
- ½ xícara (chá) de óleo
- Sal e pimenta-do-reino a gosto

Modo de preparo

Limpe e remova as escamas das piranhas e corte-as em pedaços grandes. Coloque em uma tigela, tempere com alho, vinagre, suco de limão, sal e pimenta a gosto e deixe descansar por aproximadamente 2 horas. Em uma panela, aqueça o óleo, acrescente as piranhas e refogue. Encha a panela com água fervente até a metade, tampe e cozinhe por cerca de 30 minutos ou até os pedaços do peixe ficarem macios. Retire do fogo, coe e reserve o caldo. Com cuidado, retire todas as espinhas das piranhas. No liquidificador, coloque a carne de piranha, o caldo coado e bata até obter uma mistura cremosa. Em outra panela, coloque mais duas colheres de óleo, junte os tomates, o pimentão, a cebola e refogue bem. Adicione o caldo de piranha, o coentro e a cebolinha, misture e cozinhe bem. Retire do fogo e sirva bem quente, se preferir, acompanhado de molho de pimenta.

Fonte: Elaborado com base em Urbano, 2024.

Frango com quiabo

Embora seja uma receita clássica do Centro-Oeste, o frango com quiabo também é encontrado em outras partes do Brasil, já que se trata de um prato bastante popular. Geralmente, prefere-se a utilização das coxas e das sobrecoxas, por serem partes mais úmidas em relação ao peito de frango, por exemplo. Desse modo, a cocção é lenta e leva pouco líquido, o qual deve ser adicionado aos poucos para garantir uma carne macia e caramelizada.

Frango com quiabo

Ingredientes

- 4 coxas de frango
- 4 sobrecoxas de frango
- 200 g de quiabo
- 1 pimentão amarelo
- 1 tomate maduro
- 1 cebola
- 2 dentes de alho
- Suco de 2 limões
- 1 colher (chá) de cominho em pó
- 1 colher (chá) de colorau em pó
- 2 e ½ xícaras (chá) de água
- Azeite a gosto
- Sal e pimenta-do-reino a gosto

Modo de preparo

Em uma tigela grande, tempere as coxas e sobrecoxas com o cominho, o colorau, 2 colheres (chá) de sal, pimenta-do-reino a gosto e o suco de 1 limão. Espalhe bem os temperos com as mãos para cobrir toda superfície do frango e deixe marinar por 15 minutos em temperatura ambiente – além de absorver os sabores, o frango perde o gelo antes de ir para a panela. Enquanto isso, prepare os outros ingredientes. Descasque e pique fino a cebola e o alho. Lave, seque e corte o pimentão e o tomate ao meio, no sentido do comprimento. Descarte as sementes e corte o pimentão em cubos de 1 cm e o tomate em cubos de 0,5 cm. Leve uma caçarola larga (ou uma panela grande) ao fogo médio para aquecer. Regue com 1 colher (sopa) de azeite e coloque as coxas e sobrecoxas de frango, com a pele para baixo, uma ao lado da outra sem amontoar – isso evita que os pedaços cozinhem no próprio vapor. Doure por 4 minutos de cada lado e transfira o frango para uma travessa. Atenção: não descarte o líquido da marinada do frango, ele vai ser usado no caldo. Mantenha a panela em fogo médio (não precisa regar com azeite pois o frango libera a própria gordura). Acrescente a cebola, o tomate e tempere com uma pitada de sal. Refogue por cerca de 2 minutos, pressionando com a espátula para formar uma pastinha. Junte o pimentão e refogue por mais 2 minutos, até murchar. Adicione o alho e mexa por 1 minuto para perfumar. Regue a panela aos poucos com a água, raspando o fundo com a espátula para dissolver os queimadinhos — eles dão sabor ao preparo. Acrescente o líquido da marinada, tempere com ½ colher (chá) de sal e deixe cozinhar até ferver. Assim que ferver, volte as coxas e sobrecoxas para a panela, com a pele para cima nesse tipo de preparo chamado braseado, o líquido do cozimento não deve cobrir completamente o frango, os pedaços vão cozinhar, ficar úmidos, mas a pele vai permanecer dourada. Cozinhe por 25 minutos com a tampa entreaberta, em fogo médio, até o frango ficar macio. Enquanto isso, prepare os quiabos. Lave e seque bem os quiabos com um pano de prato limpo. Descarte o cabinho e corte cada um em 3 pedaços, na diagonal. Transfira para uma tigela e regue com o caldo de

1 limão – além de sabor, o caldo de limão evita que o quiabo libere muita seiva. Passados os 25 minutos, abra a panela e adicione os quiabos, entre os pedaços de frango. Cozinhe por mais 5 minutos sem a tampa, até que os quiabos estejam levemente macios e o caldo encorpado.

Fonte: Elaborado com base em Panelinha, 2024c.

Mojica de pintado

Também muito tradicional no Centro-Oeste, a mojica de pintado, um peixe tropical facilmente encontrado na região, carrega fortes influências indígenas (*mojica* significa "o que vem do rio com mandioca").

Mojica de pintado

Andre Dib/Pulsar Imagens

Ingredientes
- 2 colheres de sopa de alcaparras
- 2 colheres de sopa de azeite de oliva
- 2 postas de pintado

- 2 batatas grandes cortadas sem casca
- 2 dentes de alho amassados
- 1/2 cebola picada
- Pimenta-preta, sal e tempero verde a gosto

Modo de preparo
Colocar as batatas para cozinhar em uma panela com água fervente e sal e reservar. Fritar a cebola e o alho em uma panela com azeite e adicionar as alcaparras e os temperos. Juntar as batatas às alcaparras e mexer até encorporarem bem no molho. Em outra panela, grelhar os dois lados do pintado com azeite e temperar de acordo com a preferência. Misturar o molho com o peixe e servir.
Fonte: Elaborado com base em Receitaria, 2025.

Farofa de banana-da-terra

A versatilidade das farofas nos permite adicionar uma infinidade de ingredientes e, consequentemente, de sabores. Podemos fazer farofas deliciosas com castanhas, sementes, embutidos e diversos outros insumos, e cada um dá um toque de personalidade único. O exemplo que incluímos na obra é de uma farofa feita com banana-da-terra.

Farofa de banana-da-terra

Ingredientes
- 3 bananas da terra maduras
- 2 xícaras (chá) de farinha de mandioca torrada
- 1 cebola
- 4 colheres (sopa) de manteiga
- 150 g de bacon
- Cheiro-verde a gosto
- Sal a gosto
- Pimenta-do-reino a gosto
- Raspas de 2 limões

Modo de preparo
Em uma frigideira grande, frite os cubos de bacon, retire e reserve. Derreta a manteiga ou aqueça-a em fogo médio. Despeje a cebola picada e refogue até que fique transparente. Acrescente as rodelas de banana-da-terra e cozinhe até que fiquem douradas, mexendo delicadamente para não desmancharem. Adicione novamente o bacon. Coloque a farinha de mandioca e misture bastante para que a farofa se incorpore

às bananas. Tempere com sal e pimenta-do-reino a gosto e siga mexendo para garantir uma distribuição uniforme dos sabores. Cozinhe por mais alguns minutos, até a farofa ficar crocante e dourada. Adicione a cebolinha para decorar e sirva com pedaços de banana grelhados. Finalize com as raspas de limão e, se desejar, um pouco de melado de cana.

Sopa paraguaia

Contrariando nossas expectativas, a sopa paraguaia, na realidade, é um bolo salgado. Aprenda a fazê-la seguindo esta receita.

Sopa paraguaia

Paulo Vilela/Shutterstock

Ingredientes
- 4 colheres (sopa) de óleo de milho
- 2 cebolas raladas
- 2 xícaras (chá) de leite
- 2 e ½ xícaras (chá) de queijo meia cura ralado
- 2 xícaras (chá) de farinha de milho flocada

- 4 ovos batidos
- Sal a gosto
- 1 colher (sopa) de fermento químico

Modo de preparo
Em uma panela com o óleo, refogue a cebola até murchar um pouco. Junte o leite e deixe em fogo médio. Quando iniciar a fervura, desligue o fogo. Acrescente o queijo meia cura, a farinha de milho e os ovos, mexendo até formar uma massa uniforme. Tempere com sal, adicione o fermento e misture bem. Em uma assadeira untada, leve ao forno preaquecido a 180 °C por 30 minutos ou até que a torta fique firme e dourada. Sirva logo.
Fonte: Elaborado com base em Claudia, 2024.

Mané pelado
Proveniente da região Centro-Oeste, o mané pelado é uma sobremesa tradicional feita com mandioca, queijo e coco.

Mané pelado

Kenishirotie/Shutterstock

Ingredientes
- 250 g de mandioca crua ralada
- 150 g de queijo meia cura
- 200 g de açúcar refinado
- 3 ovos
- 200 mL de leite de coco
- 70 g de leite integral
- 70 mL de óleo vegetal
- 50 g de coco ralado fresco
- Fermento químico em pó

Modo de preparo
Esprema bem a mandioca para retirar a goma (use um pouco de água para ajudar na eliminação). Em uma tigela, misture a massa espremida com os demais ingredientes. Leve para assar em fogo alto (180 °C) em forma untada com manteiga até dourar.

7.4 Receitas da Região Sudeste

Moqueca capixaba
A moqueca capixaba leva peixe, vegetais e, a critério do cozinheiro, leite de coco, todos cozidos em uma panela de barro. Normalmente, o peixe escolhido deve ter postas mais firmes, a exemplo de badejo, dourado, namorado ou robalo. Além disso, é possível substituir o azeite de dendê por outra alternativa, como o óleo de urucum.

Moqueca capixaba

Marcelo Moryan/Shutterstock

Ingredientes
- 1,5 kg de peixe em postas (pescada amarela)
- Suco de 2 limões
- 1 fio de óleo
- 3 dentes de alho
- 800 g de tomates picados
- 400 g de cebolas em rodelas
- Sal a gosto
- Pimenta-do-reino a gosto
- 1 maço de coentro picado
- 2 colheres (sopa) de urucum

Modo de preparo
Em uma assadeira, coloque1 ½ kg de peixe firme em postas e tempere com metade do alho. Acrescente sal, pimenta-do-reino moída a gosto e o suco de limão. Aqueça uma panela de barro, coloque 1 fio de azeite e refogue rapidamente metade do alho e metade das cebolas grandes em rodelas picadas. Adicione metade dos tomates médios picados, metade

do maço de coentro picado e misture bem. Arrume as postas de peixe de modo que não fiquem uma sobre a outra. Distribua o restante dos tomates e das cebolas picadas, sal a gosto e despeje 2 colheres (sopa) de urucum. Tampe a panela e deixe cozinhar por 25 minutos em fogo alto. Durante o preparo da moqueca, não utilize colher para mexer, para não quebrar as postas de peixe. Balance a panela na metade do cozimento, para evitar que o peixe grude no fundo. Sirva com pirão, moqueca de banana-da-terra e arroz branco.

Tutu de feijão
O tutu de feijão é uma receita prática e sustentável, pois até mesmo feijão cozido pode ser utilizado em seu preparo. Pode ser servido com bacon, linguiça, ovos e, ainda, ser a guarnição de um belo arroz com farofa acompanhado de uma salada refrescante.

Tutu de feijão

WS-Studio/Shutterstock

Ingredientes

- 2 xícaras de feijão cozido e temperado
- 1 xícara (chá) de de feijão temperado
- ¼ de xícara (chá) de mandioca
- ½ cebola em *brunoise*
- 1 dente de alho picado
- 1 colher (sopa) de azeite
- Sal a gosto
- 4 tiras de bacon
- 2 ovos cozidos

Modo de preparo

Forre um prato com duas camadas de papel-toalha. Distribua as fatias de bacon, uma ao lado da outra, sem encostar. Cubra com mais duas camadas de papel-toalha e leve ao micro-ondas por 2 minutos, em potência alta. Retire e verifique: se o bacon ainda não estiver dourado, leve para rodar por mais 30 segundos. Retire as folhas do prato para as fatias não grudarem ao esfriar. Reserve. No liquidificador, bata o feijão com o próprio caldo. Em uma panela, aqueça o azeite e junte a cebola picada. Refogue, mexendo com uma colher, até murchar e começar a dourar. Junte o alho e refogue por mais 1 minuto. Junte o feijão e misture bem. Em seguida, acrescente a farinha e vá mexendo até dar o ponto. Transfira para uma tigela. Cozinhe os ovos para decorar. Quando o bacon esfriar, pique fininho com a faca ou soque no pilão, até formar uma farofa. Sirva o tutu com a farofa de bacon, arroz e couve refogada.

Fonte: Elaborado com base em Panelinha, 2024d.

Torta capixaba

A torta capixaba é um prato comumente associado à Páscoa. Muito tradicional na Região Sudeste, é como se fosse uma moqueca, pois leva ingredientes que lembram essa preparação; porém, é servida como uma torta, pois sua textura é mais consistente.

Torta capixaba

Romulo Gomes Queiroz/Shutterstock

Ingredientes
- 150 g de bacalhau dessalgado desfiado
- 150 g de camarão pequeno limpo
- 150 g de carne de siri
- 150 g de mexilhões cozidos
- 300 g de palmito
- 2 cebolas
- 2 tomates picados
- 50 g de colorau
- 100 g de azeitonas sem caroço
- 3 dentes de alho
- 8 ovos para o prato e para decorar
- Suco de 2 limões

- Coentro a gosto
- Azeite de oliva a gosto
- Sal a gosto

Modo de preparo

Separe os ingredientes da decoração: algumas azeitonas, a cebola em rodelas e os dois ovos cozidos. Reserve. Preaqueça o forno a 180 °C. Em uma panela ou frigideira grande, aqueça o azeite e refogue a cebola picada, o alho e o colorau. Quando a cebola murchar, junte o palmito e o tomate e deixe cozinhar por cerca de 3 minutos. Acrescente os frutos do mar, as azeitonas e o bacalhau dessalgado e desfiado. Cozinhe por mais 3 ou 4 minutos. Desligue o fogo. Misture o coentro e o suco do limão, prove e ajuste os temperos. Remova qualquer excesso de líquido e deixe esfriar. Bata em neve as seis claras. Reserve. Em outra vasilha, bata as seis gemas até ficarem fofas e esbranquiçadas. Com delicadeza, misture gemas e claras. Despeje dois terços dos ovos batidos no refogado já frio, mexendo delicadamente. Transfira para uma panela de barro ou forma refratária untada com azeite. Cubra com o restante da mistura de ovos, decore com as azeitonas, cebola e ovos cozidos cortados em fatias e leve ao forno preaquecido. Quando a superfície estiver bem dourada, retire do forno e sirva.

Fonte: Elaborado com base em Redação Paladar, 2024c.

Pão de queijo

Iguaria mais conhecida de Minas Gerais, o pão de queijo é amplamente consumido em todo o Brasil. São inúmeras as possibilidades de combinação, tais como doce de leite, requeijão e, até mesmo, goiabada.

Pão de queijo

Ingredientes

- 1 kg de polvilho azedo
- 1 xícara (chá) de água
- 1 xícara (chá) de óleo
- ½ colher (sopa) de sal
- 5 ovos
- 1 xícara (chá) de leite frio
- 300 g de queijo minas meia cura ralado

Modo de preparo

Coloque o polvilho em uma bacia grande. Em uma panela, junte a água, o óleo e o sal e aqueça até iniciar a fervura. Desligue o fogo e adicione essa mistura aos poucos sobre o polvilho para escaldá-lo, mexendo levemente. Esfarinhe a massa com um garfo. Quando esfriar, esfregue a massa entre as mãos. Não deixe encaroçar. Acrescente os ovos e sove sem parar. Adicione à massa leite frio aos poucos e continue sovando. Se a massa estiver seca, coloque um pouco mais de leite. Por último, adicione o queijo e misture suavemente, usando a ponta dos dedos, sem sovar. Unte as mãos com óleo e faça bolinhas com a massa, do tamanho que preferir. Leve ao forno preaquecido a 180 °C. Depois que os pãezinhos crescerem, diminua a temperatura para 100 °C e deixe no forno até que fiquem sequinhos e corados.

Fonte: Elaborado com base em Cozinha..., 2009c.

Goiabada

Na Região Sudeste, a goiabada é geralmente servida com queijo, mas também pode ser empregada em outras receitas como complemento, a exemplo do arroz doce e da canjica, consumidos especialmente em celebrações como as festas junina e julina.

Goiabada

Adao/Shutterstock

Ingredientes
- 2 kg de goiabas maduras descascadas
- 2 e ¾ de xícaras (chá) de açúcar
- refinado
- 3 xícaras (chá) de água

Modo de preparo
Lave as goiabas, corte-as ao meio e retire as sementes. Bata a polpa no liquidificador e, depois, passe a massa em uma peneira. Leve ao fogo, em uma panela, a água e o açúcar. Junte a polpa de goiaba e deixe ferver em fogo baixo por cerca de três horas, até que o doce fique com a consistência pastosa. Mexa de vez em quando para não queimar no fundo da panela. Deixe esfriar e guarde em recipiente fechado, na geladeira.
Fonte: Elaborado com base em Coleção..., 2009c.

Cuscuz à paulista
O cuscuz à paulista tradicional leva farinha de milho como base e um pouco de farinha de mandioca para dar liga, bem como um refogado saboroso feito com frango, camarão ou apenas legumes, acompanhado de molho de tomate temperado, ervilha, milho e palmito.

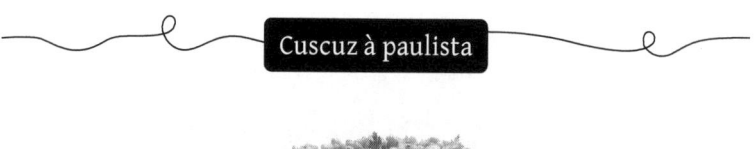

Cuscuz à paulista

Mauricio Sanches do Prado/Shutterstock

Ingredientes

- 90 g de farinha de milho biju
- 50 g de farinha de mandioca fina ou biju
- 120 mL de azeite de oliva
- 180 g de cebola picada
- 1 dente de alho
- 30 g de pimentão vermelho picado
- 8 colheres (sopa) de salsinha e cebolinha
- 500 g de camarão médio limpo e sem casca
- 1 xícara (chá) de ervilha fresca ou congelada
- 300 g de palmito em conserva
- 480 mL de molho de tomate
- Sal a gosto

Ingredientes para decorar e servir

- Folhas de salsinha
- Tomate
- Pimentão em cubinhos
- Rodelas de ovo cozido
- Azeitonas em lascas
- Molho de pimenta

Modo de preparo

Misture as farinhas de milho e de mandioca e ½ colher (sopa) de sal em uma tigela grande e esfarele com a ponta dos dedos até conseguir um pó. Faça uma cavidade no centro da mistura de farinhas e nela coloque metade da cebola, do alho e da salsinha e da cebolinha. Aqueça bem a ½ xícara de azeite em uma panelinha, fique de olho e, quando surgirem bolhinhas nas laterais, retire do fogo e despeje sobre os temperos. Com uma colher, misture até umedecer. Regue o fundo de uma panela média com mais um fio de azeite e doure a cebola restante. Junte o pimentão e a outra metade do alho. Quando perfumar, acrescente o camarão com um pouco de sal. Mexendo de vez em quando, espere os camarões mudarem de cor e de textura (ou junte as lascas de frango ou mais legumes se quiser versões vegetarianas e veganas). Retire da panela e separe 12 camarões pra decoração. Coloque na panela a ervilha, o palmito, o molho de tomate e a água e deixe ferver. Adicione a azeitona, o restante das ervas e acerte o sal. Junte a mistura das farinhas e, sempre mexendo, deixe no fogo até formar uma massa que se solte da panela. Para testar o ponto: levante um pouco de massa com a colher e deixe cair, ela tem que cair de uma vez e não "derramando". Para montar o cuscuz: unte com azeite 12 fôrmas individuais pra bombocado (ou 1 fôrma grande para pudim). Coloque um camarão no fundo de cada forminha e ao redor coloque pedacinhos de azeitona, pimentão, tomatinhos ou que quiser. Preencha cada forminha com a massa quente ou morna e pressione de leve com uma colher pra acertar, mas sem socar, pois o cuscuz não deve ficar pesado e duro. Aguarde 5 minutos, solte com a lâmina de uma faca um pouco da borda do cuscuz (só mesmo pra entrar ar) e desenforme sobre o prato ou travessa de servir. Sirva quente, em temperatura ambiente ou frio.

Fonte: Elaborado com base em Helô, 2023b.

7.5 Receitas da Região Sul

Barreado

O tradicional barreado é um prato típico de Morretes, município do litoral paranaense, próximo a Antonina. Consiste de um cozido feito geralmente de carnes menos nobres e mais firmes. Seu cozimento é lento e prolongado, para a obtenção de um sabor bem apurado.

Barreado

Ingredientes
- 3 kg de músculo limpo e cortado em tiras grossas
- Sal a gosto
- 500 g de toucinho defumado
- 5 cebolas
- 5 dentes de alho
- 3 folhas de louro
- 1 colher (sopa) de orégano
- 1 colher (sopa) de cominho
- 2 a 3 xícaras (chá) de mandioca
- Água para vedação

Modo de preparo do barreado
Tempere a carne com sal e reserve. Frite o toucinho picado em uma panela grossa, até começar a dourar, e junte a cebola e o alho, refogando bem por 3 minutos. Acrescente o músculo, o louro, o orégano e o cominho, mexendo até que a carne fique dourada. Coloque o refogado em uma panela de barro e adicione água até cobrir. Reserve. Vede a panela com

farinha de mandioca e água e, depois, deixe-a em fogo brando durante 4 horas. Se necessário, passe mais pasta de farinha, para evitar que o vapor saia da panela. Depois que a carne cozinhar, tire a pasta de farinha com uma faca, separe o caldo da carne e reserve.

Modo de preparo do pirão
Em uma panela, coloque o caldo reservado e espalhe, aos poucos, 1 xícara (chá) de farinha de mandioca, mexendo bem para não empelotar. Sirva junto com o barreado.

Cuca de maçã
Muito difundida no Sul do país, a cuca consiste de um bolo doce com uma cobertura crocante de farofa, acrescida de frutas como maçã, banana e uvas. A receita tradicional é feita com fermento biológico, mas algumas adaptações incluem a substituição por fermento químico.

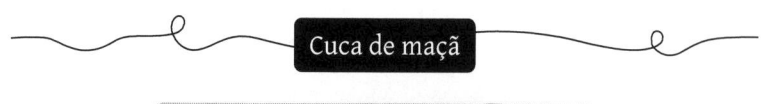

Cuca de maçã

Betsy Camara/Shutterstock

Ingredientes para a massa
- 2 e ½ xícaras (chá) de farinha de trigo
- 3 colheres (sopa) de manteiga
- 2 ovos
- 1 colher (sopa) de fermento em pó
- 1 xícara (chá) de leite morno
- 2 colheres (sopa) de açúcar
- Manteiga para untar a fôrma

Ingredientes para a farofa
- 3 colheres (chá) de açúcar
- ½ colher (chá) de canela
- 1 colher (sopa) de farinha de trigo
- 1 colher (sopa) de manteiga
- ½ xícara (chá) de passas secas
- 1 colher (sopa) de raspas de limão
- 1 maçã

Modo de preparo

Misture a farinha com a manteiga. Junte os ovos, o fermento, o leite e o açúcar. Trabalhe a massa com uma colher até que fique homogênea. Unte a forma de 25 cm de diâmetro com manteiga e despeje a massa. Deixe crescer em um lugar morno, coberta com um pano de prato, por 30 minutos. Faça a farofa doce: em um recipiente, misture o açúcar, a canela, a farinha, a manteiga, as passas e as raspas de limão. Corte em fatias a maçã e disponha sobre a massa. Polvilhe com farofa doce e leve ao forno quente (200 °C) por cinco minutos. Abaixe a temperatura do forno para 130 °C e deixe por mais 30 minutos.

Fonte: Elaborado com base em Cozinha..., 2009e.

Polenta com ragu de linguiça blumenau

O Sul tem a característica de praticar uma cozinha "que aquece", isto é, com ótimas opções de pratos quentes, a exemplo da polenta mole com ragu de linguiça, que apresentamos a seguir.

Polenta com ragu de linguiça blumenau

hlphoto/Shutterstock

Ingredientes para a polenta
- 3 xícaras (chá) de caldo de legumes
- 1 xícara (chá) de fubá
- Sal a gosto
- 1 dente de alho
- 1 folha de louro
- 1 colher (sopa) de manteiga
- Queijo parmesão ralado a gosto

Ingredientes para o ragu
- 1 linguiça blumenau
- 1 cebola
- Alho
- Tomate pelado
- Páprica defumada

Modo de preparo da polenta
Leve a água, o sal e a manteiga para o fogo. Espere ferver. Em seguida, coloque o fubá em forma de chuva, aos poucos. Mexa vigorosamente com um *fouet* para diluir bem a farinha (o aspecto líquido é normal, pois o fubá vai encorpar quando cozinhar). Adicione os demais temperos e mexa até cozinhar.

Modo de preparo do ragu
Tire a pele da linguiça. Depois, com uma faca, corte a linguiça em pedaços pequenos, quase como se quisesse debulhá-la. Se achar mais fácil, passe-a em um ralo grosso. Em uma panela de fundo grosso e já bem quente, coloque a linguiça; ela vai fritar na própria gordura, até começar a ficar dourada. Depois, junte a cebola e, após, o alho. Com os ingredientes devidamente refogados, acrescente a páprica e os tomates (que devem ter sido batidos no liquidificador, com casca e semente). Por fim, deixe no fogo por cerca de 30 minutos.

Farofa de pinhão
O pinhão é a semente da Araucária, árvore nativa do Paraná, e a farofa feita com esse ingrediente é muito tradicional nos três estados sulistas.

Farofa de pinhão

Ingredientes
- 5 xícaras (chá) de pinhão cozido e descascado
- ½ xícara (chá) de farinha de mandioca torrada
- 2 colheres (sopa) de manteiga
- Sal a gosto
- Pimenta-do-reino a gosto

Modo de preparo
Moa os pinhões no liquidificador ou no processador, fazendo uma farofa grossa. Para moer os pinhões no liquidificador, tampe o aparelho, deixe o orifício da tampa aberto, ligue o liquidificador e acrescente os pinhões aos poucos. À medida que ficarem triturados, retire do copo e repita a operação. Coloque os pinhões triturados em uma tigela e acrescente a farinha de mandioca, mexendo bem. Derreta a manteiga em uma frigideira e frite a farofa. Acerte o sal e a pimenta e sirva com carne grelhada ou churrasco.

Fonte: Elaborado com base em Cozinha..., 2009d.

Entrevero

Tipicamente gaúcho, o entrevero é um prato que também valoriza o pinhão. Trata-se de um *mix* de carnes e vegetais com ervas frescas, geralmente servido em encontros de família e até mesmo em festivais.

Entrevero

Rodrigo Petterson/Folhapress

Ingredientes

- 200 g de bacon em cubos
- 400 g de linguiça português em rodelas
- 400 g de alcatra em tiras
- 400 g de filé mignon suíno em tiras
- 240 mL de caldo de carne
- 2 cebolas picadas
- 1 alho picado
- 1 pimentão vermelho picado
- 1 pimentão verde picado
- 4 tomates em cubos sem sementes
- 2 ramos de salsinha picada
- 2 ramos de manjericão picado
- 2 xícaras (chá) de pinhão cozido e sem casca

- Óleo vegetal
- Sal a gosto
- Pimenta-do-reino a gosto

Modo de preparo
Aqueça um fio de óleo em uma frigideira grande e de bordas altas, junte o bacon e, mexendo de vez em quando, deixe dourar. Passe o bacon pra uma tigela e, mantendo a gordura na frigideira, junte a linguiça e deixe no fogo até que os pedaços estejam macios e começando a dourar. Passe a linguiça para a tigela do bacon e faça o mesmo com a alcatra e depois com o mignon suíno. Com as carnes douradas e reservadas, passe a cuidar dos legumes. Se for preciso, coloque um pouco mais de óleo na frigideira. Junte a cebola e, quando começar a dourar, acrescente o alho. Assim que perfumar, adicione os pimentões e espere murchar. Junte os tomates, sal, pimenta e misture o pinhão. Quando aquecer, volte com as carnes pra frigideira, misture bem e acerte o sal e a pimenta. Misture as ervas e sirva.
Fonte: Elaborado com base em Helô, 2023a.

Quirera
A quirera é um prato tradicional da região da Lapa, no Paraná, mas é consumida em todo o Sul. A receita é produzida a partir do milho de canjiquinha com carne suína e embutidos. É um tipo de comida afetiva para os sulistas.

Quirera

Ingredientes

- 1 kg de costela suína fresca
- 150 g de bacon
- 200 g de quirera
- 1 cebola
- 6 de dentes de alho
- 1 colher de sopa de sal
- Pimenta-do-reino a gosto
- Páprica doce a gosto
- Salsinha e cheiro-verde a gosto
- Couve a gosto

Modo de preparo

Lave bem a costelinha; se estiver inteira, é preciso cortar. Depois de lavar, tempere com sal, alho, pimenta-do-reino e páprica doce. Reserve. Corte a couve bem fininha e reserve. Também pique a salsinha e o cheiro-verde e reserve. Corte o bacon (é preciso tirar a capa) e a cebola em cubos. Reserve a cebola. Em uma panela, coloque o bacon e frite por cerca de três minutos. Acrescente a cebola e, em seguida, a costelinha. Frite até que a carne fique bem seca. Acrescente água (cerca de 1,5 litros) e, então, coloque a quirera crua. Deixe cozinhar junto à costelinha por aproximadamente 40 minutos. Se, após esse tempo, a quirera estiver muito grossa, pode acrescentar um pouco mais de água. Cerca de um minuto antes de ficar pronto, acrescente o cheiro-verde e misture. Na hora de servir, coloque a quantidade desejada de couve no fundo do prato e finalize com a quirera e a costelinha por cima.

Fonte: Elaborado com base em Bulzan, 2021.

Síntese

Neste capítulo, incluímos diversas receitas típicas das cinco regiões brasileiras, acompanhadas de imagens ilustrativas e com um passo a passo para preparar cada uma delas, a fim de evidenciar, mais uma vez, a diversidade gastronômica do Brasil.

Nossa intenção foi convidar você, leitor, à prática culinária, além de incentivá-lo a promover adaptações de acordo com os ingredientes disponíveis. Desse modo, estamos certos de que, a essa altura, você compreende perfeitamente o quão importante é valorizar as tradições regionais e recorrer à criatividade na cozinha, mas tendo em mente a necessidade de manter a identidade culinária de cada região do nosso país.

Questões para revisão

1. Assinale a alternativa que indica um prato típico da Região Norte do Brasil:
    a) Acarajé.
    b) Moqueca de camarão.
    c) Pato no tucupi.
    d) Feijoada.

2. O que caracteriza a culinária nordestina?
   a) O uso exclusivo de arroz e feijão.
   b) A influência africana e pratos como acarajé.
   c) A predominância de frutos do mar.
   d) As preparações à base de leite de coco.
3. Qual dos ingredientes indicados é utilizado na preparação do acarajé?
   a) Arroz.
   b) Feijão-fradinho.
   c) Mandioca.
   d) Batata-doce.
4. Escolha uma preparação considerada especialidade da Região Sul e explique suas características, bem como sua importância cultural na gastronomia brasileira.
5. Identifique um dos principais ingredientes na moqueca e comente a importância desse insumo para tal receita. Mencione, também, de que modo ele contribui para o sabor e a textura da receita.

Questão para reflexão

1. Analise a importância das receitas regionais na formação da identidade cultural brasileira. Em sua reflexão, considere como esses pratos refletem as tradições e a biodiversidade de cada região, bem como que modo a prática de cozinhar tais receitas pode contribuir para a valorização da cultura local.

Considerações finais

De norte a sul, de leste a oeste, o Brasil se revela não apenas como um país de dimensões continentais, mas também como um verdadeiro caldeirão de culturas, sabores e tradições culinárias. Nas páginas deste livro, mergulhamos em uma jornada gastronômica que nos levou a explorar os pratos emblemáticos, os ingredientes nativos, as culturas e os hábitos alimentares de todas as regiões do Brasil.

Assim, descobrimos como cada pedaço de nosso vasto território contribui de maneira única para o panorama da cozinha nacional. Aqui, a influência dos povos indígenas se entrelaça com as heranças africanas, europeias e asiáticas, criando uma tapeçaria de sabores e tradições incomparável em sua diversidade. Não podemos nos esquecer também da miscelânea de características oriundas das inúmeras ondas de imigração que moldaram a gastronomia brasileira com o passar dos séculos.

Para além de conhecer alguns pratos saborosos e aprender sobre ingredientes e modos de preparo, convidamos você, leitor, a não apenas apreciar a comida, e sim a experimentá-la em sua plenitude. Recomendamos fortemente a você que faça suas malas e visite as diferentes regiões do país, converse com produtores locais, aventure-se em mercados e feiras e permita-se mergulhar nos novos sabores que esperam por você. Cozinhe em sua própria casa e descubra como é fácil trazer um pedaço do Brasil para sua mesa.

A gastronomia brasileira é muito mais do que uma refeição; é uma celebração do resgate das tradições e raízes locais, um reflexo do esforço contínuo de povos originários, *chefs* e cozinheiros que atuam na cozinha nacional para diariamente valorizar a essência das brasilidades. É, portanto, um símbolo de resistência que mantém viva a tradição, a memória e a valorização da identidade de um povo rico em saberes e sabores.

Esperamos que esta obra enriqueça seus conhecimentos e desejamos ter contribuído com sua formação profissional, estimulando-o à busca incessante pela apreciação da cozinha brasileira. Que cada receita aqui incluída represente uma porta de entrada para a descoberta de uma cultura rica e diversa, e que nossa jornada gastronômica o inspire a seguir desbravando as maravilhas da culinária nacional.

Referências

ALMEIDA, S. P. de. **Cerrado**: aproveitamento alimentar. Planaltina: Embrapa-Cpac, 1998.

AMAZONAS INCRÍVEL. **'Pirarucu de casaca'**: conheça a deliciosa receita tradicional do Amazonas. Disponível em: <https://www.amazonasincrivel.com/gastronomia/pirarucu-de-casaca-conheca-a-deliciosa-receita-tradicional-do-amazonas>. Acesso em: 24 set. 2024.

BORGES, D. **Coleção Tempero Brasileiro**: Brazilian Flavor Collection. São Paulo: Lafonte, 2017.

BORGES, D. **Cozinha nordestina**. São Paulo: Lafonte, 2018. (Coleção Tempero Brasileiro).

BRASIL. Ministério da Agricultura, Pecuária e Abastecimento. **Amazônia à mesa**: receitas com produtos da sociobiodiversidade para a alimentação escolar. Brasília: Mapa/SAF, 2019.

BRASIL. Ministério da Cultura. Departamento Nacional do Livro. **A carta de Pero Vaz de Caminha**. Disponível em: <https://objdigital.bn.br/objdigital2/Acervo_Digital/livros_eletronicos/bndigital0009/bndigital0009.pdf>. Acesso em: 2 jan. 2025.

BRASIL. Ministério da Saúde. Secretaria de Atenção à Saúde. Departamento de Atenção Básica. **Alimentos regionais brasileiros**. 2. ed. Brasília, 2015.

BULZAN, G. **Aprenda a fazer quirera com costelinha suína e couve fresca**. 6 jul. 2021. Disponível em: <https://bomgourmet.com/bomgourmet/receitas-pratos/quirera-com-costelinha-suina-e-couve-fresca-receita/>. Acesso em: 24 set. 2024.

CAMIL. **Arroz Maria Isabel**. Disponível em: <https://www.camil.com.br/receitas/arroz_maria_isabel>. Acesso em: 24 set. 2024.

CARVALHO, L. **Ver-o-peso**: guia da exposição. Belém: Iphan, 2011.

CASA E CULINÁRIA. **Bolo de tapioca granulada cremoso de liquidificador**. 16 mar. 2023. Disponível em: <https://casaeculinaria.com/receitas/bolo-de-tapioca/>. Acesso em: 28 ago. 2024.

CÉSAR, P. A. B. et al. **Gastronomia e vinhos**: contributos para o desenvolvimento sustentável do turismo. Caxias do Sul: Educs, 2020.

CHAVES, G.; FREIXA, D. **Larousse da cozinha brasileira**: raízes culturais da nossa terra. São Paulo: Larousse do Brasil, 2007.

CLAUDIA. **Sopa paraguaia**. Disponível em: <https://claudia.abril.com.br/receitas/sopa-paraguaia>. Acesso em: 24 set. 2024.

COMIDA NA MESA. **Chef Moacir Santana ensina tradicional sobremesa nordestina**: cartola. Disponível em: <https://www.comidanamesa.com.br/chef-moacir-santana-ensina-tradicional-sobremesa-nordestina-cartola/>. Acesso em: 24 set. 2024.

COMO fazer sarapatel. Disponível em: <https://receitas.globo.com/receitas-da-tv/tempero-de-familia/como-fazer-sarapatel-gnt.ghtml>. Acesso em: 24 set. 2024.

COZINHA regional brasileira: Goiás. São Paulo: Abril, 2009a. (Coleções Abril).

COZINHA regional brasileira: Mato Grosso e Mato Grosso do Sul. São Paulo: Abril, 2009b. (Coleções Abril).

COZINHA regional brasileira: Minas Gerais. São Paulo: Abril, 2009c. (Coleções Abril).

COZINHA regional brasileira: Paraná. São Paulo: Abril, 2009d. (Coleções Abril).

COZINHA regional brasileira: Santa Catarina. São Paulo: Abril, 2009e. (Coleções Abril).

CUSCUZ. Disponível em: <https://receitas.globo.com/receitas-da-tv/cozinha-pratica/cuscuz-nordestino-gnt.ghtml>. Acesso em: 24 set. 2024.

DAVIES, C. A. **Alimentos e bebidas**. Caxias do Sul: Educs, 2010.

DINIZ, R. V. W. et. al. **Gastronomia brasileira I**. Porto Alegre: SAGAH, 2018.

DÓRIA, C. A. **Formação da culinária brasileira**: escritos sobre a cozinha inzoneira. São Paulo: Fósforo, 2021.

DUTRA, R. C. de A. Cozinha e identidade nacional: notas sobre a culinária na formação da cultura brasileira segundo Gilberto Freyre e Luís da Câmara Cascudo. In: ARAÚJO, A. C. (Coord.). **Gastronomia em Gilberto Freyre**. Recife: Fundação Gilberto Freyre, 2005. p. 31-36.

FERREIRA, M. R. **Turismo e gastronomia**: cultura, consumo e gestão. Curitiba, InterSaberes, 2016.

FREYRE, G. **Açúcar:** uma sociologia do doce, com receitas de bolos e doces no Nordeste do Brasil. São Paulo: Cia das Letras, 1997.

HELÔ. Como fazer entrevero gaúcho. **Na Cozinha da Helô**, 22 jun. 2023a. Disponível em: <https://www.nacozinhadahelo.com.br/receitas/receita-de-entrevero-de-pinhao>. Acesso em: 24 set. 2024.

HELÔ. Cuscuz rapidinho de camarão e palmito na panela. **Na Cozinha da Helô**, 23 jun. 2023b. Disponível em: <https://www.nacozinhadahelo.com.br/receitas/receita-de-cuscuz-paulista>. Acesso em: 24 set. 2024.

HERBA NUTRIÇÃO. **Mojica de pintado**. Disponível em: <https://www.herbanutricao.com/info/info/4632/119/mojica-de-pintado>. Acesso em: 24 set. 2024.

LEAL, M. L. M. S. **A história da gastronomia**. Rio de Janeiro: Ed. Senac Nacional, 1998.

LODY, R. **Coco:** comida, cultura e patrimônio. São Paulo: Ed. do Senac, 2019.

MATOS, I. de. Acarajé. **Receitas de Cozinha**. Disponível em: <https://www.uol.com.br/nossa/cozinha/receitas/2020/10/01/acaraje.htm>. Acesso em: 24 set. 2024.

MEDINA, I. **Cozinha país a país:** Brasil. São Paulo: Moderna, 2006.

MEZOMO, I. B. **Os serviços de alimentação:** planejamento e administração. São Paulo: Manole, 2002.

MONTANARI, M. **Comida como cultura**. Roma: Laterza, 2004.

MUNGUNZÁ tradicional. Disponível em: <https://receitas.globo.com/regionais/rede-bahia/conexao-bahia/mungunza-tradicional.ghtml>. Acesso em: 24 set. 2024.

PANELINHA. **Carne de sol**. Disponível em: <https://panelinha.com.br/receita/carne-de-sol>. Acesso em: 24 set. 2024a.

PANELINHA. **Caruru**. Disponível em: <https://panelinha.com.br/receita/caruru>. Acesso em: 28 ago. 2024b.

PANELINHA. **Frango com quiabo**. Disponível em: <https://panelinha.com.br/receita/frango-com-quiabo>. Acesso em: 24 set. 2024c.

PANELINHA. **Tutu rápido de feijão (reaproveitamento)**. Disponível em: <https://panelinha.com.br/receita/tutu-rapido-de-feijao-reaproveitamento>. Acesso em: 24 set. 2024d.

PANELINHA. **Vatapá baiano**. Disponível em: <https://panelinha.com.br/receita/vatapa-baiano>. Acesso em: 28 ago. 2024e.

PARAVATI, L. C. **História da alimentação e da gastronomia brasileira**. Londrina: Educacional, 2018.

PARRELLA, A. S. **História da confeitaria no mundo**. Campinas: Livro Pleno, 1999.

PHILIPPI, S. T. **Nutrição e técnica dietética**. 3. ed. Barueri: Manole, 2014.

PINTO, R. **Gastronomia brasileira**: na linha do tempo. São Paulo: Edições Tapioca, 2017.

RAMALHO, R. A.; SAUNDERS, C. O papel da educação nutricional no combate às carências nutricionais. **Revista de Nutrição**, v. 13, n. 1, p. 12-14, jan./abr. 2000. Disponível em: <https://www.scielo.br/j/rn/a/3zRDSYvpgXJ5KFMQXg7BwBb/?format=pdf&lang=pt>. Acesso em: 26 ago. 2024.

RASGUIDO, J. E. A. **Sua produção de peixes precisa atender às exigências do mercado**. Disponível em: <https://www.cpt.com.br/cursos-criacaodepeixes/artigos/sua-producao-de-peixes-precisa-atender-as-exigencias-do-mercado>. Acesso em: 24 set. 2024.

RECEITARIA. **Pintado ao molho de alcaparras**. Disponível em: <https://www.receiteria.com.br/receita/pintado-ao-molho-de-alcaparras/>. Acesso em: 15 jan. 2025.

REDAÇÃO PALADAR. **Baião de dois simples**. Disponível em: <https://www.estadao.com.br/paladar/receita/baiao-de-dois-simples/>. Acesso em: 24 set. 2024a.

REDAÇÃO PALADAR. **Maniçoba, a feijoada sem feijão**. Disponível em: <https://www.estadao.com.br/paladar/receita/manicoba/>. Acesso em: 24 set. 2024b.

REDAÇÃO PALADAR. **Torta capixaba**. Disponível em: <https://www.estadao.com.br/paladar/receita/torta-capixaba/>. Acesso em: 24 set. 2024c.

REDE BAHIA. **Receita típica da Bahia**: moqueca de camarão. Disponível em: <https://receitas.globo.com/regionais/rede-bahia/receita-tipica-da-bahia-moqueca-de-camarao.ghtml>. Acesso em: 28 ago. 2024.

SANT'ANNA, L. C. et. al. **Alimentação e nutrição para o cuidado**. Porto Alegre: SAGAH, 2018.

SENAC SÃO PAULO. **Apostila de cozinha brasileira**: módulo II do Centro de Turismo e Hotelaria de Águas de São Pedro. São Paulo, 2003.

SEQUERA, L. **Cozinha brasileira**. São Paulo: Pearson Education do Brasil, 2017.

SEQUERA, L. **Cozinha das Américas**. São Paulo: Pearson Education do Brasil, 2017.

SUASSUNA, A. R. D. **Gastronomia sertaneja**: receitas que contam história. São Paulo: Melhoramentos, 2010.

TAMBAQUI assado com risoto de castanha-do-Pará e azedinha. Disponível em: <https://receitas.globo.com/tipos-de-prato/peixes-e-frutos-do-mar/tambaqui-assado-com-risoto-de-castanha-do-para-e-azedinha-gnt.ghtml>. Acesso em: 24 set. 2024.

TRAJANO, A. L. **Cardápios do Brasil**: receitas, ingredientes, processos. São Paulo: Ed. do Senac, 2013.

TRIGO, M. et al. Tabus alimentares em região do Norte do Brasil. **Revista de Saúde Pública**, v. 23, p. 455-464, 1989. Disponível em: <https://www.scielo.br/j/rsp/a/9MHzsQHXrpgZmrtdkSPJFmm/?format=pdf&lang=pt>. Acesso em: 26 ago. 2024.

TV GAZETA. **Mojica de pintado**. Disponível em: <https://www.tvgazeta.com.br/receitas/mojica-de-pintado/>. Acesso em: 24 set. 2024.

URBANO. **Caldo de piranha**: Centro-Oeste. Disponível em: <https://www.urbano.com.br/caldo-de-piranha-centro-oeste>. Acesso em: 24 set. 2024.

Respostas

Capítulo 1

Questões para revisão
1. b
2. b
3. c
4. A culinária de cada região brasileira está profundamente relacionada aos biomas e recursos naturais locais, refletindo a disponibilidade de ingredientes e os modos de vida das comunidades que habitam essas áreas. No capítulo, há diversos exemplos relativos às cinco regiões do Brasil, os quais podem ser utilizados para compor a resposta à atividade.
5. O estudo da culinária brasileira considerando os biomas pode contribuir para a preservação do meio ambiente e das tradições culturais locais por meio dos seguintes fatores: valorização de ingredientes locais; promoção da sustentabilidade; preservação das tradições culturais; fomento ao turismo sustentável; conscientização ambiental.

Capítulo 2

Questões para revisão
1. b
2. c
3. d
4. A culinária da Região Norte do Brasil reflete fortemente a influência das raízes indígenas em seus pratos, pois utiliza ingredientes nativos

da Amazônia, como a mandioca, o jambu e frutas exóticas, que eram consumidos pelos povos indígenas há séculos. Ademais, técnicas de preparo, tais como o uso de folhas de bananeira para assar peixes, são reminiscentes das tradições culinárias dos povos nativos. A grande presença de peixes de água doce na dieta também é legado dos indígenas, que eram hábeis pescadores. Portanto, a influência indígena na culinária nortista é evidente em insumos, técnicas de preparo e preferências alimentares.
5. A diversidade de ingredientes naturais da Amazônia contribui significativamente para a riqueza da culinária do Amazonas, tornando-a única e saborosa. Os rios e igarapés da região fornecem uma grande variedade de peixes de água doce, como tambaqui, pirarucu e tucunaré, que são a base da alimentação local. Além disso, frutos da floresta, como açaí, cupuaçu, bacaba e pupunha, são a base para uma ampla gama de pratos doces e salgados, proporcionando sabores exóticos e únicos. A mandioca, comumente utilizada na forma de farinha, é essencial na cozinha local, conferindo texturas e sabores especiais.

Capítulo 3

Questões para revisão
1. c
2. c
3. c
4. As condições climáticas do Nordeste, como os grandes períodos de estiagem e o clima quente e seco, influenciaram a culinária local de diversas maneiras. Por exemplo, a necessidade de preservar alimentos levou ao desenvolvimento de técnicas de secagem e desidratação de carnes, resultando em pratos como a carne de sol. Além disso, as altas temperaturas estimularam o consumo de alimentos ricos em proteínas e caldos, que contribuem para enfrentar o calor excessivo.

5. A religiosidade desempenha um papel significativo na culinária baiana, principalmente devido às influências do candomblé. Nesse sentido, muitos pratos tradicionais da região estão vinculados a oferendas aos orixás, como é o caso do acarajé e do vatapá. Além disso, ingredientes como o azeite de dendê são utilizados em pratos rituais.
6. A culinária nordestina é reflexo da rica diversidade cultural da região, influenciada por grupos étnicos como indígenas, africanos e europeus. Tais influências estão presentes em ingredientes, técnicas de preparo e pratos específicos. Por exemplo, insumos como a mandioca e o coco têm origens indígenas, receitas como acarajé e vatapá têm influência africana, e a presença do azeite de dendê e do leite de coco remonta aos portugueses. A cozinha nordestina é, portanto, um testemunho da integração e da fusão dessas culturas no decorrer da história da região.

Capítulo 4

Questões para revisão
1. b
2. b
3. c
4. A atividade agrícola exerce um significativo impacto na alimentação da Região Centro-Oeste, fornecendo ingredientes como milho, soja, algodão, cana-de-açúcar, arroz e feijão, insumos essenciais na dieta local e que compõem a base de muitos pratos tradicionais. Além disso, a produção de gado contribui para o consumo de carne bovina, especialmente no famoso churrasco da região.
5. De sabor e aroma únicos, o pequi é um ingrediente fundamental na culinária do Centro-Oeste, normalmente empregado em receitas como o arroz com pequi, muito apreciado na região. É ainda utilizado em outros preparos, como a galinhada, a farofa de pequi e, até mesmo, na produção de licores.

Capítulo 5

Questões para revisão
1. d
2. c
3. b
4. A diversidade cultural influenciou a culinária da Região Sudeste com o passar dos séculos graças à mistura de tradições indígenas, portuguesas e africana, assim como, posteriormente, em razão da chegada de imigrantes europeus e asiáticos. Como exemplos de receitas e ingredientes únicos, podemos citar a feijoada, o brigadeiro, a moqueca, o pão de queijo e a coxinha.
5. Especialmente nas grandes metrópoles, notadamente São Paulo e Rio de Janeiro, a comida de rua é fundamental para a construção e a solidificação da cultura gastronômica da Região Sudeste. Nesse sentido, a identidade culinária pode ser observada nos seguintes aspectos:
    - diversidade cultural: as grandes cidades do Sudeste abrigam muitas variedades de comunidades étnicas e culturas alimentares. Nessa perspectiva, a comida de rua representa um ponto de encontro dessas influências, simbolizado em receitas tradicionais de diferentes origens (japonesa, árabe, italiana, entre outras);
    - acessibilidade: a comida de rua é acessível a todos os estratos sociais, tornando-se parte integrante do cotidiano de muitos moradores, fato que democratiza a experiência gastronômica, refletindo a mistura de classes presentes na região;
    - inovação culinária: a competição entre vendedores ambulantes leva à inovação e à criação de pratos únicos. Não raro, tais inovações se tornam ícones da culinária local, a exemplo do pastel de feira, em São Paulo;
    - vida noturna e cultura urbana: principalmente nas metrópoles, a comida de rua é muito vinculada à vida noturna e, desse modo, é parte da cultura urbana e está na raiz da formação identitária dos moradores dessas cidades.

Capítulo 6

Questões para revisão
1. a
2. b
3. c
4. A influência de diferentes grupos étnicos na culinária da Região Sul do Brasil é notável em virtude da chegada de imigrantes europeus, como alemães, italianos e poloneses. Esses grupos trouxeram consigo tradições culinárias, ingredientes e práticas que enriqueceram a gastronomia sulista. Por exemplo, os alemães introduziram pratos como o chucrute, uma conserva de repolho fermentado, e o *eisbein*, um joelho de porco cozido e assado. Os italianos contribuíram com massas frescas, como o tortei (uma espécie de ravioli) e a macarronada com galinha. Já os poloneses trouxeram o *pierogi*, uma massa recheada que pode ser servida com creme de leite ou outros acompanhamentos. Além disso, características desses povos também se refletem na produção de embutidos, como salames e linguiças, que se tornaram parte integrante da culinária local.
5. O chimarrão desempenha um papel fundamental na cultura gaúcha. Mais do que apenas uma bebida, trata-se de uma tradição que promove a convivência social. Sua preparação leva um punhado de erva-mate colocada em uma cuia (um tipo de recipiente) com água, sendo consumido por sucção através de uma bomba. O preparo do chimarrão consiste em uma atividade compartilhada entre amigos e familiares, sendo que o anfitrião prepara a bebida e esta é partilhada por todos os presentes, que se reúnem para conversar e passar bons momentos juntos. O chimarrão também está vinculado a valores culturais, como a hospitalidade e a integração comunitária. A tradição que envolve o consumo dessa bebida faz parte da identidade dos gaúchos, que se orgulham em compartilhá-la com os outros, demonstrando amizade e acolhimento. Por fim, o chimarrão ainda é símbolo de resistência cultural, já que sua tradição foi mantida no decorrer dos anos.

Capítulo 7

Questões para revisão
1. c
2. b
3. b
4. Um dos pratos considerados especialidade da Região Sul do Brasil é o churrasco, uma tradição culinária caracterizada pela preparação de carnes assadas na brasa, geralmente acompanhadas de farofa, vinagrete e pão. Mais do que uma refeição, o churrasco é um verdadeiro evento social, que reúne amigos e familiares, refletindo a hospitalidade e a cultura sulistas.
5. Um dos principais ingredientes da moqueca é o leite de coco, fundamental para a elaboração dessa receita, já que proporciona cremosidade e confere um sabor característico essencial. Combinado com temperos como cebola, alho, pimentões e coentro, o leite de coco cria um molho rico e aromático que envolve os peixes ou frutos do mar utilizados na receita. Ademais, sua inclusão no preparo da moqueca não só enriquece o sabor, mas também reflete a influência da culinária afro-brasileira, uma das bases da gastronomia nacional, especialmente nas regiões costeiras.

Sobre o autor

Luiz Felipe Tomazelli é um autor cuja trajetória acadêmica e profissional nas áreas da gastronomia e educação é inspiradora. Sua jornada começou com a graduação em Gastronomia, na Universidade Positivo. Determinado a aprimorar suas habilidades e seus conhecimentos, continuou sua formação com uma pós-graduação em *Chef* de Cozinha Nacional e Internacional, pela mesma universidade. Essa especialização o capacitou a explorar a gastronomia em uma perspectiva global, incorporando influências de diferentes culturas em sua prática culinária.

Tomazelli seguiu investindo em sua formação acadêmica com uma pós-graduação em Docência do Ensino Superior pela Faculdade Unyleya, demonstrando seu compromisso com a educação e a transmissão de conhecimentos para as gerações futuras.

Para enriquecer ainda mais sua capacitação profissional, o autor obteve um MBA em Gastronomia pela Faculdade Única. Além de seu compromisso com a educação, envolve-se em projetos de extensão relacionados à gastronomia, incluindo áreas como gestão de segurança alimentar, cozinha contemporânea brasileira e tendências e empreendimentos gastronômicos.

Além da trajetória de estudos, Luiz foi professor do Curso Superior de Tecnologia em Gastronomia do Centro Universitário Internacional Uninter.

Impressão:

Fevereiro/2025